本书出版得到文化名家暨"四个一批"人才项目、浙江省"万人计划"人文社科领军人才项目、浙江大学一流骨干基础学科建设计划、杭州市上城区政府的资助

中国城市街道与居民委员会

档案史料选编

（第七册）

1976—1980

毛　丹◎主编

陈　军　任　强　哈　雪◎副主编

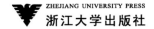
ZHEJIANG UNIVERSITY PRESS
浙江大学出版社

主编单位

中国社区建设展示中心

　　中国社区建设展示中心是民政部批准建立，集史料陈列、文物展示、理论研究、文献收藏、社区实务于一体的社区建设专题类展览馆。建成于 2009 年 12 月 21 日，经过 10 年发展，中国社区建设展示中心已发展成为中国社区建设的历史课堂、研究基地、实践样板和对外窗口。中国社区建设展示中心由基层组织历史厅、社区建设发展厅、社区治理成果厅、"左邻右舍"社区治理创新园等展馆组成，全方位展示了我国社区建设的历史演进、发展现状和地方经验。

民政部—浙江大学全国民政政策理论研究基地

　　民政部—浙江大学全国民政政策理论研究基地以浙江大学城乡社区研究团队为基础，在民政部政策研究中心、基层政权与社区建设司以及浙江省民政厅的指导帮助下，致力于农村社区建设与乡村振兴研究、城市社区建设与城市社会治理体系研究、地名文化研究。基地秉承"服务浙江、辐射全国"的发展理念，关注浙江及全国其他地方的城乡社区、社会治理重大理论与实践问题，形成了一批立足于实践发展的民政政策与理论成果。

丛书说明

20 世纪 50 年代初以来,我国的街道和居民委员会(以下简称居委会)长期承担基层管理和组织城市基层社会的功能,形成了我国独特的城市社会样态。居委会与基层社会是理解中国社会不可或缺的视窗。改革开放后,社区建设与基层社会治理的重要性日渐突出,居委会、社区、基层社会的性质与功能、理论与实践都经历了更为复杂的变迁。系统整理、研究居委会与城市基层社会的历史档案资料,对于理解我国基层社会的变迁,研究其发展方向,提升社区治理现代化水平,当有独特的价值。

民政部—浙江大学全国民政政策理论研究基地与中国社区建设展示中心自 2010 年开始酝酿本丛书。近十年来,在民政部支持下,我们以 1949 年至 2000 年为时限,征集、收集了有关街道和居委会工作的档案资料,包括中央和地方的重要政策文件、工作报告、工作记录以及一部分重要的报刊资料等1000 多种。现在,我们从中选择部分档案资料汇编成第一辑共 10 册。这里对收录的内容作几点说明:

1.《中国城市街道与居民委员会档案史料选编》系自中华人民共和国成立以来首次对全国范围内城市街道与居委会档案史料进行整理和编选,由民政部—浙江大学全国民政政策理论研究基地和中国社区建设展示中心合作完成。

2. 主要依据文献的学术研究价值和实践意义进行筛选,收录发布时间最早及内容最完善的资料,文献内容包括但不限于城市和街道居委会的设立过程、制度建设、组织完善及各项具体工作的计划和成果报告,以及相关报道和研究。

3. 编印按照原件发表时间排序,时限为 1949 年至 2000 年,1949 年前的相关资料收录于附录中。个别年份(1967 年至 1970 年,1974 年)因档案未解密或搜集到的资料质量不佳等原因未予收录。

4. 早期城市街道和居民委员会工作人员提交的部分报告和工作记录中存在较多明显的别字和语病,为方便读者阅读,编者在不改变原义的前提下进行了校订,文中不再一一指出。对文中出现的方言、惯用语和生僻词等,则以脚注形式进行说明。

5. 由于档案文献有政策文件、工作报告、新闻报道、期刊论文等多种形式，标题格式不一，为便于读者检索，编者重拟了部分档案文献的标题，并将原标题列于脚注中。丛书按通行的书籍格式横版排编，资料来源加"【】"标注；无法辨析的文字，用"□"标注。

6.档案原件主要来源于中央及各地方的档案馆、各地民政相关部门，少量来自政府工作网站。所用资料均经过核实，资料的出处标于篇末。

7.为科学客观反映我国基层社会变迁，编者保留档案文献中反映各时期政治过程在基层社会影响的内容，希望读者正确鉴别。

《中国城市街道与居民委员会档案史料选编》编委会

2019 年 6 月

目 录

1976

杭州市革委会批转《关于进一步加强城市街道治安联防的请示报告》①

各区、市属各机关革委会(革命领导小组)、市属企事业单位、街道革委会:

现将市公安局《关于进一步加强城市街道治安联防的请示报告》转发给你们。望你们研究贯彻。

浙江省杭州市革命委员会

1976 年 10 月 5 日

关于进一步加强城市街道治安联防的请示报告

市革委会:

遵照伟大领袖毛主席"无产阶级专政是群众的专政"的教导,根据省、市委负责同志的指示精神,从去年 11 月起,城区许多街道相继恢复建立了地区性的治安联防。几个月来,各街道治安联防组织的纠察人员,在街道党委、革委会统一领导下,认真学习毛主席关于批邓、反击右倾翻案风的一系列重要指示,坚持以阶级斗争为纲,坚持党的基本路线,积极投入批邓、反击右倾翻案风和追查反革命的斗争,不断提高阶级斗争、路线斗争和无产阶级专政下继续革命的觉悟。他们在当地公安派出所的具体指导下,佩戴"治安纠察"袖章,积极参加地区治安巡逻执勤,在配合和协助公安机关防范、打击现行犯罪活动,维护公共秩序,做好节日、重要集会和内外宾安全保卫工作,调查处理治安纠纷等方面,都起到了积极作用,充分发挥了群众专政的威力,为广大群众所欢迎和赞扬。

为了进一步发挥治安联防在维护城市社会治安中的作用,将有关几个问题,请示报告如下:

一、治安联防组织,在市区各街道和近郊的集镇范围中建立。治安联防及

---

① 原文标题为《批转〈关于进一步加强城市街道治安联防的请示报告〉》。

其组织的治安纠察人员,由辖区各机关、工厂、企业、学校和居委会的党组织、革委会派出干部、积极分子,在街道党委统一领导下,在当地公安机关的具体组织和指导下进行工作。其主要任务是:向广大群众进行阶级斗争和提高革命警惕性教育,遵守国家政策法令教育和"四防"教育;配合公安机关在本地区范围内组织值班巡逻,维护好公共治安秩序;向公安机关扭送现行犯罪分子及犯罪嫌疑分子,协助公安机关保护现场。

二、街道党委、革委会和公安派出所要认真抓好治安联防工作,加强对治安纠察人员的政治思想、政策和业务教育。认真执行党的政策,严格遵守三大纪律八项注意。省市各部门、厂矿企业单位的党、政领导要进一步关怀和重视治安联防的工作,并给予热情的支持。各单位要积极选派优秀的职工轮流参加治安巡逻、执勤,努力完成地区治安联防分配的任务。

三、治安联防必需的经费,根据节约原则,建议各街道在街道企业上缴积累经费中开支。其中各单位参加巡逻、执勤的在职职工,其夜餐费、误餐补贴,在本单位报销。

以上报告,如无不当,请批转各区、市属各单位和街道革委会贯彻执行。

杭州市公安局

1976 年 9 月 11 日

【由杭州市上城区档案馆提供】

关于杭州市上城区清波街道党委成员
分别到街道工厂和居民区调查研究的决定^①

中共上城区委：

  根据毛主席关于社教的重要批示和区委主要负责同志指示精神。经街道党委学习、讨论，街道党委成员分别到街道工厂和居民区搞调查研究。具体安排如下：

  党委书记胡忠林同志带领街道干部和派出所民警 5 人到群力巷居民区调查研究。党委委员毛宗林、陈招娣同志带领街道干部 2 人到清波皮鞋厂调查研究。无论是到街道工厂或居民区都要把学习毛主席著作放在首位，要以阶级斗争为纲，以批邓为动力搞好生产和各项工作，同时要不断总结经验，推动全街道革命、生产和各项工作。

  其余的党委成员要认真抓好面上的学习和工作。

  特此报告。

中共清波街道党委

1976 年 10 月 9 日

【由杭州市上城区档案馆提供】

---

  ① 原文标题为《关于街道党委成员分别到街道工厂和居民区调查研究的决定》。

1977

杭州市上城区饮马井巷居委会办好互助金储金会①

1976年,我们敬爱的领袖华主席和以华主席为首的党中央,领导全党、全军、全国各族人民,继承毛主席的遗志,以无产阶级革命家的雄伟气魄,英明果断,一举粉碎了"四人帮",挽救了革命,挽救了党,取得了无产阶级反击资产阶级进攻的决定性胜利。

粉碎了"四人帮",人民喜洋洋,浙江有希望,杭州变了样。浙江是受灾最严重的省之一,革命和生产受到了严重破坏,被比作天堂的杭州被"四人帮"破坏到如此程度,人民都看在眼里,恨在心里。粉碎了"四人帮",人心大快,人们决心在华主席为首的党中央领导下,以狠揭狠批"四人帮"为纲,狠斗资本主义,狠批修正主义,大干社会主义,掀起抓革命、促生产、促工作的新高潮。

在欢庆粉碎"四人帮"后的第一个春天,我们认真学习毛主席的光辉文献《论十大关系》和华主席在第二次全国农业学大寨会议上的重要讲话以及中央两报一刊社论《学好文件抓好纲》,大家感到前进有方向,全身有力量,对抓纲治国的战略决策充满了必胜的信心。

遵照伟大领袖毛主席"我们一定要努力把党内党外、国内国外的一切积极因素,包括直接的、间接的积极因素全部调动起来,把我国建设成为一个强大的社会主义国家"的教导和中央财经工作会议的精神,大家一致认识到进一步搞好居民互助储金会工作是在调动积极因素,这不仅支援了祖国社会主义建设,同时也发扬了居民群众团结互助精神,关心人民生活疾苦,解决困难,以利于抓革命、促生产。

我们饮马井巷居民区互助储金会成立至今已经有13年的历史,特别是1976年,在毛主席革命路线的指引下,加上居民干部和群众的努力,坚决抵制了"四人帮"的干扰和破坏,我们的互助储金会在这一年不断发展和巩固,储户逐月增多,参加面达到居民户的100%,储金亦显著增加,每月储金1000余元,年终储金超过万元。一年来在办好互助储金会的工作中,我们有如下几点体会。

---

① 原文标题为《狠揭狠批"四人帮"　办好互助金储金会　为建设社会主义做贡献》。

一、坚决执行毛主席的革命路线，做好宣传工作

居民干部遵照毛主席关于"我们的责任是向人民负责，每句话、每个行动，每项决策都要适合人民的利益，如果有了错误定要改正，这就叫向人民负责"的教导，在居民委员会主任的带领下，全体居民干部分头去做群众的思想工作，向群众宣传毛主席"勤俭建国"的方针和"厉行节约，反对浪费"的指示，特别是通过学习毛主席的光辉文献《论十大关系》和华主席的重要讲话，贯彻抓纲治国的精神，更进一步提高了群众的觉悟，大家认识到我国还是一个穷国，还是一个发展中的国家，要根本改变我国的面貌，还要艰苦奋斗，勤俭节约，增加社会主义积累，加快社会主义建设步伐。有的群众说："我们参加了互助会，虽然存钱不多，但能积水成河，聚沙成塔，对革命和建设有所贡献。"

特别是粉碎"四人帮"以来，在街道党委的领导下，我们积极投入了狠批王张江姚反党集团的罪恶活动，肃清"四人帮"破坏财经工作的流毒，批判他们破坏生产、破坏社会主义建设、挥霍国家建设资金的滔天罪行，受到极为深刻的思想和政治路线方面的教育。在阶级斗争，路线斗争和无产阶级专政下，继续革命的觉悟和继续发扬艰苦奋斗的作风有了很大提高。我们还请居民区退休工人忆苦思甜，进一步启发大家的阶级觉悟，注意点滴节约，以点推面，促使各小组储户逐月增加，储金显著增多，并促使各小组平衡发展。

二、相信群众，依靠群众，充分发动群众

毛主席教导我们："共产党基本的一条，就是直接依靠人民群众。"我们遵循毛主席的教导，放手发动群众，紧紧依靠群众，共同搞好工作，我们干部经常利用休息时间，深入到群众中去，做深入细致的思想工作，开展谈心活动，向群众宣传毛主席的"节省每一个铜板，为着战争和革命事业"的教导，要发扬阶级友爱，团结互助的革命风尚，保持和发扬工人阶级艰苦奋斗的本色。认识到参加互助会的重要性，有的群众也主动地宣传居民互助储金会的优越性。

我们还通过忆苦思甜、回忆对比的方法，控诉旧社会资本家放高利贷剥削劳动人民的罪恶，大谈新社会劳动人民翻身做主人的幸福生活。三轮车工人楼昌金说："我一家三口，在旧社会里拉黄包车，一天劳动拿到的钱还不够一人度日，有一次身患重病，饥饿交迫，无法生活，没有办法只得向别人借100元高利贷，每月利息10元，还了三年，还不清本钱，使我苦上加苦，透不过气来。如今新社会，党和毛主席领导我们穷人翻身了，工人阶级当家做主人，我心底里

感谢党和毛主席,现在居民区有了自己的互助储金会组织,我当然积极参加,同时我还动员了我的女儿参加。"所以在广大群众的热情支持下,我们互助会越办越好,到发工资的时候,有的群众就自动地来交储金。由于会员户数不断增加,工作量也多了,因而建立了一些必要的制度,以免差错。并规定了5元以下小组批,5元以上要居民区干部讨论,并采取了一些必要措施。所以几年来我们依靠群众,坚持制度,没有出过任何大的差错。

三、关心群众,为群众着想,树立为人民服务的思想

毛主席教导我们:"为什么人的问题是一个根本的问题,原则的问题。"要使互助会不断发展和巩固,就必须真正做到及时解决群众的困难,真心起到互助的作用。如:杭氧厂职工俞梓风同志有5个小孩,丈夫已死,全家靠她一人负担,经济上比较困难,同时在杭又无啥人商量。儿子查出颈部生瘤,急需开刀治疗,由于经济上困难,她只坐在家中哭。我们居民干部了解后,主动上门找她谈心,立即借她20元,叫她送儿子上医院治疗。通过及时治疗,她儿子恢复了健康。她深受感动地说:"只有在共产党、毛主席领导下的居民干部对我们这样关心,要是在旧社会,谁来管你死活,所以我一定要努力工作,为社会主义做贡献。"又如住在14号的朱奶奶已80多岁,在杭年数较多,山东老家还有儿孙,时常惦念家乡,总想回去一次。可是路远,路费困难,终日发愁。我们干部知道后,马上协助她办好借款手续,使她能够及时回山东。她回到老家,看到儿子孙子们很好,家乡也变了样,山东建设得很好,回杭后心中万分高兴,精神面貌也变了样。她说:"我虽80岁啦,今后一定要协助互助会和居民干部共同来搞好居民工作。"再如在职职工周小春,温州家乡突然来电报说家中大人病重,速回。这时已晚上8点多钟了,怎么办呢? 身边钱又不够,去单位解决,时间又来不急,我们的干部闻声后马上主动办理借款手续,借给他路费20元,使他不耽误时间,立即回家乡探望。回来后,周同志感激地说:"你们居民干部真关心群众,要不是居民互助会借给我路费,我是不能及时动身的。过去我虽然参加互助会,但思想认识是不足的,认为自己与居民互不搭界①,有困难可找单位解决。事实证明,我这种想法是错误的,今后我不仅自己要参加,而且要协助居民区搞好居民工作。"实践证明,居民互助会是深受群众欢迎的。

---

① 搭界:发生联系(多用于否定式)。——编者注

在处理借款问题上,我们既坚持原则,又灵活机动。如一些非困难户借款,我们以说服教育为主,动员不借或少借;对一些生活确实困难的困难户,根据实际需要和可能,适当放宽借款,帮助解决困难。

互助会还必须为各个时期的政治任务服务。如在动员知识青年上山下乡、支边支农、计划生育等方面都起了一些作用。我们饮马井巷居民区互助储金会在街道党委的领导下,在银行部门的帮助下,做了一些工作,但还存在一些问题,和兄弟单位相比,差距很大,通过交流,取长补短,今后我们还需加倍努力,坚决贯彻执行华主席党中央抓纲治国的战略决策,进一步狠揭狠批"四人帮"极力破坏我国人民的优良传统、任意挥霍国家建设资金、破坏社会主义经济基础的滔天罪行。抓住揭批"四人帮"这个纲,狠狠抓现实的阶级斗争,打击社会上贪污盗窃、投机倒把和一切流氓活动,抵制和批判资产阶级的歪风邪气,教育青少年向雷锋同志学习,动员群众发扬艰苦朴素、勤俭建国、勤俭治家的优良传统,逢年过节,婚丧喜事,不讲排场、不铺张浪费,移风易俗,用"一厘钱"精神办事,拿可用可不用的钱,积极参加储蓄,为社会主义建设积累资金,为社会主义贡献力量,为子孙后代创造幸福生活,把互助会办成关心群众生活疾苦的组织。抓革命、促生产,为实现四个现代化、把我国建设成为一个社会主义强国而贡献一份力量。

饮马井巷居委会
【由杭州市上城区档案馆提供】

杭州市上城区清泰街道
茅廊巷居民工作经验交流材料①

在全国人民高举毛主席的伟大旗帜,遵循华主席提出的抓纲治国的战略决策,大打深揭深批"四人帮"的人民战争,革命生产欣欣向荣的大好形势下,上城区居民工作经验交流会胜利召开了。这对于进一步动员全区街道、里弄的干部和群众鼓足干劲,力争上游,加快战斗步伐,做好"后方"工作,发展大好形势是有着重要意义的。在这里我代表清泰街道茅廊巷居民区全体干部、群众向大会表示热烈祝贺,并向列会的代表学习和致敬!

这次会议上许多兄弟居民区介绍了狠揭狠批"四人帮"推动居民工作的宝贵经验,对我们教育很深、鼓舞很大,对照起来,我们的工作做得很不够,差距还很大,在这里只能把我的工作中的一些感受和体会向同志们作个汇报。

1976年是我党历史上,我们新中国成立以来极不平凡的一年,在这一年中,我们相继失去了伟大的领袖和导师毛主席,敬爱的周总理和朱委员长,我们的心情是多么沉痛呀。就在那悲痛的日子里,"天灾人祸"接踵而至,祸国殃民的"四人帮"利用党和人民的严重困难,加快篡党夺权的步伐,进行了空前猖狂的进攻。祖国上空乌云乱翻、烟雾弥漫,许多理论问题搞死了,许多好的思想作风破坏了,是非好坏标准颠倒了,革命和生产受到了很大损失。面对这些情况,我们心里很沉痛,思想搞不通,为什么许多地方和毛主席的教育背道而驰?我们一时找不到正确的答案。

我们居民委员会的20多个干部都是年过半百没有文化的退休工人,走向社会,家家有部苦难史,人人有本血肉账,大家永远不会忘记,是毛主席他老人家,把我们从苦难中拯救出来,过上了幸福的生活,是共产党教育我们提高了理论觉悟,走上了革命的道路,我们决不能好了伤疤忘了疼。革命导师列宁曾说过:"忘记过去就意味着背叛。"我们干部之间就经常互相鼓励,一定要勤勤恳恳为人民服务,跟毛主席干一辈子革命,但是在"四害"横行的那些日子里,

---

① 原文标题为《排除干扰 努力工作》。

阵阵妖风也刮到了我们居民区。

一是我们抓居民群众的学习,有人向我们泼冷水,说什么"现在单位也不抓学习,要你们几个老太婆介①积极"。我们想毛主席多次指示我们要认真学习,革命斗争的实践也告诉我们不学习容易上当受骗。旧社会我们没有文化,主要是没有学习的机会,现在一定不能放松。因此一年来在街道党委的领导下,不管刮风下雨,也不管有人冷嘲热讽,我们坚持抓政治学习,抓革命批判,没有停顿过。居民委员会主任、共产党员罗美珍说,自己虽然没有文化,但自己认真带领大家一起学习,对没有特殊情况不来学习的同志,就上门做好思想工作,动员这些同志按时来参加,这样,每周二、五两天的学习制度,最终坚持了下来。结合学习,我们还召开了大小批判会20余次,黑板报也出了45期,通过毛主席关于无产阶级专政理论和党的基本路线的学习,不断提高了大家区别真假马克思主义和识别党的走资派的能力,提高了阶级斗争、路线斗争和继续革命的觉悟。退休工人、小组组长何敏法同志,因为邻居纠纷受了点委屈,一时思想消极不干了。家里人也劝她别去"自找自的烦"。但她想到毛主席的教导,想到学习会上同志们的帮助,还是挑起担子积极工作。

二是我们查治安、卫生,宣传计划生育,抓储粮、储钱,积极工作。有人向我们泼冷水,说什么"现在工厂也停工停产,靠你们居民区工作,顶啥用"。确实在当时,我们也看到一些努力工作积极生产的人被说成是为"错误路线服务",是搞"唯生产力论",相反整天游游荡荡、吵吵闹闹、不务正业的家伙却被"捧为革命的闯将""反潮流战士",又让入党又让做官,真是黑白混淆、是非颠倒。在错误思潮的影响下,有的干部职工也扯起自己母亲或丈母娘的后腿来了。眼看生产上不去,国家的财产在受糟蹋,社会主义经济遭到了破坏,我们肺都气炸了。吃过旧社会的苦更知新社会的甜,毛主席教导我们要抓革命、促生产,我们怎么能够不干呢? 8岁就开始做童工的副主任徐秀珍同志说:"过去做牛做马是养活了地主、资本家,今天为建设社会主义、共产主义贡献力量,真是有使不完的劲"。一次她不小心扭伤了脚,肿痛得很厉害,但她还是一拐一拐地查治安,汇报工作,不幸为此脚又扭伤了,痛得无法下地,等稍微好点,居民区里又看到她一拐一拐的身影。共产党员、卫生主任周文英同志,白天到单位去帮忙,休息时间仍是上门宣传计划生育、关心居民区的工作,她不在时,

---

①　介:方言,这么、这样的意思。——编者注

委员沈月珍、路美玉等干部没有二话把工作承担下来。74 岁的小组组长、退休工人陈阿大不顾年老有病,还是一家一户地查安全、做工作。居民区里有的青少年沾染上不良习气,共产党员、居民委员会主任罗美珍同志和其他干部一起,一次次找他们谈心,进行耐心的教育,并和家长及时联系,共同做好转化工作。一次第一小组有家失窃了一季度的 450 斤粮票。问题发生后,罗美珍同志在派出所的指导下和其余干部一起发动群众调查研究,及时破了案,对案中偶然犯了错误的一个青年做了耐心妥善的教育和处理,使失主的家长和青年倍受感激,现在这个青年已经踏上工作岗位,表现一直不错。

三是我们学习北京北新桥街道的经验,大办社会主义向阳院,有人向我们提出责问:"方向是否对头?"我们认为向阳院是文化大革命和批林批孔群众运动中产生的新生事物。我们伟大领袖和导师毛主席历来最热情支持社会主义的新生事物,组织起来发挥工人阶级的领导作用来改造城市、管理城市,使无产阶级专政的任务真正落实到街道里弄,方向完全对头。在 1975 年只有一条向阳巷的基础上,我们又办起了 11 个向阳院和联合大院,到 11 月初实现了全居民区"一片红",家家户户的里弄、院子组织起来了,职工、居民同学习,同批判。随着运动的发展,七八十岁的老人和来上学的儿童都积极投入深揭狠批"四人帮"的人民战争中,以下灭资巷的"向阳巷"为例,他们出了黑板报 49 期、大批判专刊 7 期、漫画专刊 3 期,他们还组织青少年跑步训练,下厂劳动,他们集体向唐山受灾的阶级兄弟写慰问信,送毛主席、华主席的宝像。巷子里的孤老退休工人陈妈生了病,这个请医生打针,那个踏三轮车送医院看病,问寒问暖,真是河深海深不如阶级友爱深。相互关心和共同战斗改变了里弄群众的精神面貌。

现在以华主席为首的党中央,一举粉碎了"四人帮"篡党夺权的阴谋,我们是怀着第二次解放的激动心情和群众一起学习中央文件,参加集体培训。我们为除了"四害"而高兴,我们为人民又有了自己的英明领袖华主席感到无比自豪。过去结在心中的疙瘩解开了,大家的干劲更大了,信心更足了,我们决心进一步高举毛主席的伟大旗帜,紧跟华主席提出的抓纲治国的战略决策,打一场深揭狠批"四人帮"的人民战争,做好居民区的各项工作。

清泰街道茅廊巷居民区委员会

【由杭州市上城区档案馆提供】

北京市宣武区广外街道党委开展卫生防病工作

北京宣武区广外街道党委积极开展冬季卫生防病工作,使这个地区的卫生面貌焕然一新,保证了人民群众的身体健康。

在这个地区的中央、市、区机关,企业、工厂的广大职工,革命居民,医务人员,在揭批"四人帮"的斗争中,进一步认识到搞好首都市容环境卫生是贯彻执行伟大领袖毛主席革命卫生路线的重要问题,是保卫以华主席为首的党中央的实际行动。

最近以来,他们连续开展卫生突击活动,清运了渣土垃圾 400 多吨,整顿了堆物堆料 15 处,使交通畅通,环境卫生得到改善。在突击活动中,许多单位的领导干部亲自参加。第二机床厂党委主要负责同志和职工、家属一齐动手,两天时间就清运了渣土 240 多吨。各居委会党支部与街道党委下去搞三同的90 多名干部,也把搞好市容环境卫生作为一项重要任务来抓,多次深入到每条街巷胡同、向阳院进行宣传检查。南新里居委会主管卫生的干部,每天都到各个垃圾站进行检查,发现问题随时解决。

为了加强冬季卫生防病工作,广外医院抽出 40 名医务人员,深入到工厂、居委会,与红医员密切配合,大力开展除害灭病的宣传工作。一个多月来,他们为 2000 多人接种了预防流感疫苗,与红医员一起采集了中草药,煎制感冒汤送给群众。为了预防传染病,他们还进行了灭鼠活动。

【选自《人民日报》1977 年 2 月 7 日】

广州市荔湾区环境卫生第三队工人
常年保持街道整洁

广州市荔湾区环境卫生第三队（以下简称卫生三队）的清洁工人认真做好本职工作，使自己管辖的地区常年保持干干净净，受到人们的赞扬。

这个卫生队担负着广州市沙面、文化公园、南方大厦、秀丽路等大小 32 条街道的清洁任务。这些地方是广州市的繁华区，车辆多、行人多，每天又有大批的港澳同胞和国际友人从这里经过。卫生三队的清洁工人认识到自己的工作关系着广大群众的健康，关系着国家的荣誉，意义很大。因此，他们排除"四人帮"的干扰，坚持合理的规章制度，不论是刮风下雨还是节假日，工作一丝不苟，任务完成得很好。

在卫生三队，从党支部书记到队长、班长，既是领导，又是普通工人。早晨，天刚刚亮，他们最先来到需要打扫的地段；傍晚，他们最后离开岗位。

有个时期，几个青年工人受到"四人帮"散布的修正主义思想的影响，认为岗位责任制是对工人的"管、卡、压"。党支部就发动大家开展讨论。老工人们说："什么是'管、卡、压'，我们最清楚。"老工人刘冠英说："解放前的清洁工人，被人称为'清道夫''垃圾婆'，地主、资本家根本瞧不起我们。吃的是从垃圾堆里拣出来的烂菜、烂果，住的是用破扫帚扎起来的房子。把头们打骂工人更是家常便饭。身体有病，不能上班，随时就有被开除的危险。要说管、卡、压，这才是对我们清洁工人真正的管、卡、压。新社会，我们清洁工人当家做了主人，参加了企业管理，自己起来管理自己，制定必要的规章制度，这是完全合理的。"老工人们的这些话是对"四人帮"的批判，这几个青年人深受教育，很快改正了过来。

在党支部的领导下，这个队的老工人还带领新工人，对文化大革命前建立起来的各项规章制度进行讨论，合理的坚持，不合理的或过时了的就进行改革。队里还坚持每月一次大检查，每季度一次小评比，每年年终搞一次总评比的制度。这个制度勉励大家坚持各项规章制度，做好各种工作。不久前，他们举行了年终总评比，全队有 80％的职工受到了表扬。

【选自《人民日报》1977 年 2 月 7 日】

杭州市上城区湖滨街道居民区互助储金会情况简报^①

在学好文件抓好纲,深入揭批"四人帮"的大好形势下,在各居民区党支部、居委会和向阳院干部的积极努力下,今年1月,互助储金会不论在参加的户数,还是金额方面,都取得了较大的成绩。全街道参加储金会的户数达到7864户,约占居民总户数(10126户)的78%,每月收储金额达15180元。今年1月底比去年底增加656户,金额增加1500元。这些成绩的取得,主要是街道广大的居民向阳院干部,紧跟华主席认真贯彻执行"备战、备荒、为人民"战略方针的结果。也是我们决心把"四人帮"所造成的损失夺回来的实际行动。

特别值得提出的是,工人路、思鑫坊、向阳路、石贯子巷、团子巷、破浪巷、新艺路等居民区在户数和金额上发展都比较快,如工人路居民区干部,冒着风雪,顶着严寒,深入每一个向阳院,广泛深入地进行宣传动员,会员户数已占居民户数的100%,思鑫坊居民区户数增加新户129户,向阳路居民区增加108户,从而收到了良好的效果。

目前,春节已经过去了,3月份正是发展互助储金会的有利时机,为了使我们全街道的互助会工作出现一个新的跃进局面,我们要求各居民区向阳院干部在深揭狠批"四人帮"的伟大群众运动推动下,迅速行动起来,抓住有利时机,继续奋战,再接再厉,增加新户,增收储金,力争赶上先进行列,为实现"四个现代化"贡献更大的力量。

1977 年 2 月 24 日

【由杭州市上城区档案馆提供】

---

① 　原文标题为《湖滨街道居民区互助储金会情况简报》。

杭州市上城区清泰街道组织起来走"五七"道路①

在举国上下热烈欢呼我们党取得伟大的历史性胜利的大喜日子里,在全国人民深入揭发批判"四人帮"滔天罪行的凯歌声中,在第二次全国农业学大寨会议精神的鼓舞下,我们满怀革命胜利豪情,迎来了战斗的 1977 年。值此街道工作经验交流会,我们回顾和总结居民"五七"加工组的发展壮大过程,决心在新的一年里,把居民区"五七"加工组的工作搞得更好。

我们三益里居民区"五七"加工组是在无产阶级文化大革命中建立和逐步发展壮大的。现有针织、缝纫、扇子、弹簧五金、塑料袋,牛皮纸袋加工等 6 个小组,共有加工人员 71 名,大都是年到半百的家庭妇女。1976 年我们完成和超额完成了各挂钩工厂单位的各项加工任务,总计收入 22570 多元,积累资金2050 余元,有力地支援了社会主义建设和大工厂的生产。全居民区基本上没有一个吃闲饭的人。我们大家都为自己能为社会主义建设出力、参加力所能及的生产劳动而高兴。

几年来,"五七"加工组这一新生事物的成长,也不是一帆风顺的。由于"四人帮"对浙江革命和生产的干扰破坏,居民区也受了"不为错误路线生产"谬论的影响,认为搞"五七"加工组就是唯生产力论,居民委员会是管理好居民生活的场所,不是生产的前方。认为干部管生产就只会单纯地陷在经济收入小圈子里拔不出来,只抓生产影响居民工作的开展等。针对这些思想,在街道党委的领导和帮助下,居委会全体干部认真学习毛主席的"五七"光辉指示和党的基本路线,学习毛主席抓革命、促生产、促工作、促战备的战略方针,批判了"四人帮"唯生产力论的反动谬论,明确居委会这个组织的任务和作用,深刻领会组织群众走"五七"道路的重大现实意义和深远历史意义。大家认识到,"五七"加工组不但是进行加工生产的经济组织,而且应当是在社会主义革命和建设的新形势下,把居民群众组织起来,学习马列主义、毛泽东思想,批判资产阶级,批判修正主义的战斗组织。柯庆施同志早就指出,街道里弄是阶级斗

① 原文标题为《组织起来,走"五七"道路》。

争的阵地,是生产的后方、生活的场所,无产阶级必须牢牢地占领。认识提高后,居委会切实加强对"五七"加工组的领导,进行了组织整顿,将其列入居民工作的议事日程。居委会分工明确,大多数委员都分工承担了"五七"加工组的政治思想领导工作,有两个委员专门负责抓好"五七"小组的生产劳动业务管理,居委会着重把住三个关口。

一是生产方式必须是集体生产,反对分散到户。为了进行集体生产,首先遇到的是生产场地的困难,在居民区房屋相当紧张的情况下,组织发动群众大挖潜力,挤出堂前屋角,都安排利用起来,分10多人的大集中和3至5人的小集中两种方式。同时,我们还自力更生,千方百计寻找废旧材料,修建和改建生产场所。居民区的干部以身作则,带头用手推车从城外运来黄泥、石沙,捡来旧砖碎石,建造了一间20多平方米的平房,为当时拉毛小组的生产设备安装及生产场地解决了极大的困难,为拉毛生产出口任务的完成准备了条件。

二是坚持社会主义的经营方向,承接业务优先为大工厂服务,反对"大利大干,小利小干,无利不干"的资本主义经营思想。去年,有一批自行车弹簧急需加工,这项业务活重、时间紧、收入低,当时加工技术和操作都不熟练,做不出产品。有的人觉得接这项业务是"得不偿失",不愿承担。居委会负责人就立即召开"五七"加工组全体成员大会,批判了"利润挂帅"的资本主义经营思想,做了细致的政治思想动员工作,弹簧加工组愉快地承接了这批业务,按时按质地完成任务,受到了厂方的赞扬。

三是把住质量检查验收和工资标准关。随着"五七"加工组的发展,人员规模逐步扩大,有的单纯赶任务,追求多做多分。我们居委会负责加工生产的委员,除坚持出口任务的质量检查外,还经常抽查各小组的质量和工资发放情况。一次,针织加工组一个从单位退休后又参加生产的人,可得的工资已经超出原单位的工资水平,通过居委会领导说清道理后,主动把多余部分退出作为小组的积累。

几年来,我们遵照毛主席"五七"光辉指示,把居民群众组织起来走"五七"道路,参加力所能及的生产劳动,为做好居民区的各项工作,起了积极的促进作用,尝到了甜头,使我们居民区在各方面的工作任务都完成得比较好。主要体会有如下几点:

1.办好"五七"加工组有利于组织群众学习马列和毛主席著作,批判资产阶级,批判修正主义。加工组的建立将闲散在社会上各家各户的家庭妇女组织了起来,对她们的生产学习都有统一的安排。居民区每星期二、五下午的政治学习时间，"五七"加工组人员都能积极参加，坚持学习从不间断，改变了开会学习零零落落、迟到早退的现象。在居民区的各项政治活动中，加工组成员也都是居民群众中一支重要的积极力量。例如：街道组织一些大的庆祝会、批判会和游行队伍活动，参加者就以"五七"加工组为主。在深揭狠批"四人帮"的斗争中，各加工组认真学习、批判，人人口诛笔伐。在居民区召开的两次大型的声讨批判会上，"五七"加工组发言人数最多，能够联系实际狠批"四人帮"篡党夺权的罪恶阴谋，揭发批判"四人帮"破坏浙江生产的罪行，表明"五七"加工组也深受其害。扇子加工组列举了停产 3 个月的实例，进行批判，她们的发言像一发炮弹击中了"四人帮"的要害，在她们的带动下，革命大批判进一步开展起来。

2. 办好"五七"加工组有利于支援社会主义建设。我们把闲散的居民群众组织起来进行生产劳动，为社会主义建设添砖加瓦，这是一件好事情。这一点，我们体会很深。例如，针织组仅用 5 年时间已为国家创造了价值 57000 多元的财富，除发工资外，还积累资金 4000 余元。我们坚持了为"大厂服务，为出口生产服务"的方针，只要是大厂生产任务需要，无论加工多少，收入高低，我们总是按质按量地完成任务。杭州棉毛针织厂出口产品质量要求高，活难做，加工费少，时间紧，往往发货 1～2 天就得交货。碰到这种情况时，就由居委会负责抓加工组政治思想工作的通知，预先开会明确出口任务的重要意义，提高觉悟，加强责任感。无论产品多少，都能去满足要求，完成任务，从来没有发生过质量不符而退货的事故。针织加工组的同志经常得到厂组织的表扬。

3. 办好"五七"加工组有利于安排好群众生活。加工生产发展了，又为社会主义建设创造了财富，又使群众的经济收入有了增加，相应地改善了生活。由于加工生产大都比较轻便、简单易学，有些年纪比较大和体弱病残的人也能参加劳动，得到一定的收入。我们居民区内有 3 位没有子女的老人，如果没有"五七"加工小组，势必要由国家救济了。居委会安排在"五七"加工组内，都能做到自食其力，减轻了国家经济负担。办起"五七"加工小组后，许多家庭妇女从消费者变成了生产者，家庭关系也起了变化，减少了家庭内因经济负担而发生的某些不必要的矛盾。如住胜利路 177 号的施奶奶，原来由于家庭生活发生困难，子女负担重，母子、婆媳之间经常为经济问题发生争吵，到居民区调解。去年居民区安排她参加了"五七"加工组后，她经常开会学习，思想觉悟有了提高，生活也得到改善，家庭矛盾迎刃而解，婆媳之间关系也改变了。

4. 办好"五七"加工组，有利于培养和锻炼干部。在复杂的三大革命斗争中,居民区干部既要能做好居民工作,又能领导好生产,管理好经济工作,也是一件不容易的事。几年来,随着"五七"加工组的发展壮大,我们居民干部得到的锻炼是比较大的。老的居民干部的思想水平、工作能力提高了,新居民干部得到了培养,积极分子大量涌现。第七居民小组的余继姿同志是一位退休工人,刚回来时不愿参加居民区的活动,开会学习也很少参加。去年初加入"五七"加工组后,经常参加学习,继续革命的思想觉悟提高了。她说:"人退休了,思想不能退休。"她的积极性大大发挥出来,并兼任居民小组组长工作,主动积极、任劳任怨,群众反映很好。居民委员王忠英、姚采娥同志,自从兼任生产管理负责人以后,阶级斗争、路线斗争和继续革命的觉悟提高了。无论工作和家务有多忙,都能合理安排时间,既做好居民工作,又时时为生产管理工作操心,甚至经常放弃自己的休息。特别突出的是,她们二人原来没有文化,要管理好生产十分吃力。两年多来,为了工作的需要,她们一直坚持白天工作,晚上学习文化,进步很快,姚采娥同志从前是一字不识的文盲,现在已能自己开票据,记工账了。

　　同志们:在伟大领袖和导师毛主席"五七"光辉指示的指引下,我们居民区在"五七"道路上越走越宽广。但是我们要在当前全国上下学好毛主席光辉著作《论十大关系》和华主席在第二次全国农业学大寨会议上的重要讲话,坚决实现在华主席为首的党中央作出的"抓纲治国"的战略决策的大好形势下,深揭狠批"四人帮"反革命罪行,肃清他们的流毒和影响,把毛主席开创的无产阶级革命事业进行到底。

清泰街道三益里居民委员会

1977 年 3 月

【由杭州市上城区档案馆提供】

重庆市市中区较场口街道
关于整顿城市居民委员会试点工作安排意见^①

粉碎了"四人帮",各项工作都进入了正轨,到处呈现一派热气腾腾的景象,城市地段工作也有条件恢复正常,阔步前进了。地段居民委员会是街道革委开展工作的基础,是政府联系广大居民群众的桥梁。加强居委会工作,是加强街道政权工作的重要一环。根据6月份市委党员干部会议纪要提出的"要整顿居民委员会"的精神,以及当前地段工作出现的新情况、新问题,市、区有关单位一致认为,结合当前正在开展的"一清双打"运动,有必要对地段居委会进行一次整顿,决定在市中区较场口地区进行试点,集中力量、集中时间在一个月左右的时间内(8月中旬至9月中旬),基本结束整顿试点工作。

一、组织领导

在市中区委和较场口街道党委的统一领导下,成立整顿居委会试点联合工作组,由较场口街道党委书记郑济民同志任组长,街革委副主任朱大明同志任副组长,市民政局、市公安局和市中区民政科、区公安分局、区法院、区妇联等单位派干部参加工作组工作,连同街革委的干部一起进行整顿试点工作。

二、工作步骤

准备分三个阶段进行。

(一)调查摸底,开展宣传(8月11日至25日)

对全街15个居民段,逐段摸清居委会和常设的几个工作委员会的经常工作任务、工作量,积极分子的基本情况(包括政治表现、思想状况、工作能力、年龄、健康及兼职情况等)及存在问题,退休职工及其他新生力量的情况,段办工业及其他生产自救组织的情况,居委会的经费开支及使用情况,居民群众的反映、要求,等等。(调查提纲另拟。)

---

① 原文标题为《关于整顿城市居民委员会试点工作安排意见》。

在调查摸底的同时,广泛进行试点的宣传、教育。采取先积极分子后广大群众的办法。组织学习《城市居民委员会组织条例》,大讲贯彻华主席抓纲治国战略决策的重大意义,宣传各条战线的大好形势,动员地段广大积极分子和群众积极响应党的十届三中全会号召,为地段工作大干快上,为把巩固无产阶级专政的任务落实到基层而贡献力量,以实际行动迎接党的十一大和五届人大的召开。(在实践中搞出一个宣传提纲来。)

(二)酝酿提名,进行选举(8月26日至9月2日)

在调查摸底的基础上,本着对积极分子合理使用、全面安排,照顾地段各个组织的骨干力量适当搭配的原则,由工作组提出居民委员会和各种专业工作委员会的候选人初步名单,由街道党委统一审查,然后提交居民群众充分酝酿讨论,走好群众路线,最后由各地段居民群众民主选举。

(三)建立健全制度,培训干部(9月3日至10日)

选出居委会委员后,立即推选正副主任委员并进行分工恢复和建立各项行之有效的制度,切实开展工作。对居民委员会和几个工作委员会的成员,要认真进行党的基本路线教育和各项业务政策的培训。(讲课教材由各有关单位提供。)

工作告一段落后,要进行整顿试点工作总结,以联合工作组名义向市委、区委写出书面报告。

较场口街道整顿居委会试点联合工作组

1977年8月11日

【由重庆市民政局提供】

上海市乍浦路街道实行 24 小时服务①

在工业学大庆群众运动中，生产第一线在大干快上，街道里弄等后方应该紧紧跟上。看来，这个领域确实大有文章可做。乍浦路街道的经验表明，后方上来了，大家都高兴，对生产第一线的职工大干社会主义是个有力的支持。像这个街道那样实行 24 小时服务，要看需要和条件，但是他们这种力争为生产第一线多做贡献的革命精神，是值得提倡和学习的。

这是工业学大庆热潮中一个普通的工作日。深夜，乍浦路街道的 13 条里弄一片宁静。工作了一天的人们早已酣睡。然而，这里的各个服务站，却是另一番繁忙的景象。

里弄托儿所、幼儿园的保育员，细心地照料着一批临时送来过夜的"小客人"。就连生了病的孩子，也有专门的隔离室接待他们。家长不论在什么时候，都可以来这里接送子女。上夜班的职工再也不用为孩子操心了。

里弄食堂为附近一些小厂、小店的夜班职工准备好了可口的饭菜和点心。根据用电计划临时开夜班的小工厂再也不用为食堂问题发愁了。

里弄合作医疗通宵门诊部也在接待着病人。有的病人行动不便，通宵门诊部就派医生上门出诊。

设在街道各个主要地段的通宵服务点，从供应蚊香、火柴，代售邮票，传呼电话，直到向骑自行车的工人出借打气筒，无微不至地为上中班、夜班的工人服务。

每天晚上，这个街道的治安巡逻队还穿街走巷，配合公安部门搞好治安工作，为千家万户提供了一个安全的生活环境。

乍浦路街道在上海虹口区的闹市地段。17000 多户居民，绝大部分是"双职工"。街道工作全心全意为前方服务，把党的温暖送到家家户户。一封封热情洋溢的感谢信寄到街道党委，表扬街道工作人员使人们免除了"后顾之忧"，

① 原文标题为《支援前方打胜仗 后勤战线当闯将——记上海乍浦路街道实行 24 小时服务》。

表达自己大干社会主义的决心。

6 月中旬,上海无线电仪器厂的生产时间根据上级安排调整为上午 10 时到下午 6 时 30 分。但是,街道托儿所通常下午 5 时 30 分就关门了。厂领导和职工们正为此感到为难,街道幼儿园、托儿所的党支部给入托孩子的父母送来了托儿所昼夜开放、24 小时服务的通知。乍浦路街道共有 8 个托儿所、幼儿园,收托着 1599 名孩子。这个街道上需要托放的孩子,已全部入托。

浦江电表厂有一对"双职工",两个孩子,大的 10 岁,小的 3 岁。过去,照顾孩子一直是他们工作的主要牵累。现在,3 岁的小女孩昼夜都可以放在托儿所里。大女儿在里弄食堂搭伙,每顿饭菜由服务员帮助安排,家长只要每星期付一次伙食费就行了。里弄委员会还请他们的一位邻居——职工家属傅妈妈——当孩子的辅导员。天凉帮助添衣,下雨帮助关窗,下午放学后督促孩子做作业。

24 小时昼夜服务,这是乍浦路街道党委近两个月来学习大庆经验,争做工业学大庆运动促进派的成果。

【选自《人民日报》1977 年 8 月 11 日】

中共北京市和平里街道委员会认真组织好群众生活①

如何进一步把城市居民的经济生活组织好，使他们在抓革命、促生产中无后顾之忧？北京市和平里街道党委创办的"三站、两代、一所"，提供了比较好的经验。它不仅可以充分依靠和发挥群众自己的力量，兴办服务事业，组织好群众的经济生活，而且把服务事业同文教卫生、社会治安紧密地结合起来，把巩固无产阶级专政的任务落实到街道基层。他们的做法值得提倡。

北京市东城区和平里街道党委，遵照毛主席"关心群众生活"的指示，在市委和区委的领导下，动员和组织街道居民，自己动手，因陋就简，兴办服务事业。1971年以来，已经办起大批服务站、红医站、校外活动站，代销店、代营饭馆，托儿所（简称"三站、两代、一所"）。这些服务事业同国营企事业相配合，在组织群众生活方面，发挥了重要的作用。

"三站、两代、一所"是在两条路线斗争中发展和巩固起来的。"四人帮"为了篡党夺权，复辟资本主义，竭力破坏革命，破坏生产，根本不关心群众的疾苦。他们把关心群众生活诬蔑为"物质刺激""经济主义"。在"四人帮"的干扰破坏下，街道上也不断吹来冷风。街道党委反复学习了毛主席的有关教导，大家认识到，随着社会主义革命和社会主义建设事业的发展，就业人口不断增加，广大职工群众对家务劳动社会化的要求越来越迫切，吃饭、买东西、看病、照管幼儿和少年儿童校外教育等问题，都亟待解决。街道是城市的基层，群众生活的场所，阶级斗争的重要阵地，具有各行各业总后勤的特点。发动群众，自己动手，把生活组织好，是街道党委义不容辞的责任，也是街道建设的一项重要任务。大家认识统一了，信心更加坚定了。党委加强了对这一工作的领导，坚决顶住"四人帮"的干扰破坏，使"三站、两代、一所"越办越多，越办越好。到目前为止，全街道23个居委会共办起了"三站、两代、一所"106个，分布合理，服务方式灵活多样，使群众吃饭、穿衣、买东西、看病、托儿都比过去方便

---

① 原文标题为《街道建设的一项重要工作——中共北京市和平里街道委员会认真组织好群众生活》。

了。许多职工高兴地说:"有这样的好后勤,我们更能集中精力抓革命、促生产,为社会主义革命和建设做贡献了。"

街道党委为了更好地组织群众生活,决定把"三站、两代、一所"同社会主义大院结合起来,同各行各业结合起来,进一步发展成为"三个网"。

第一,由医院、居委会和驻在地段内的单位相结合,建立"条块结合,以块为主"的卫生防治网。卫生防治网宣传毛主席的革命卫生路线,普及卫生防病知识,发动群众开展爱国卫生运动,负责传染病的疫情报告和对传染病源的管理,进行一般常见病、多发病的治疗和家庭病床的管理,做好晚婚、计划生育和妇幼保健工作,进行战备救护训练,等等。工作重点放在"防"字上。西河沿三条的红医站,几年来自采中草药 2 万多斤,自制成药 100 多种,近两年来共有 1 万多人次服用了他们自制的预防药,传染病发病率有了明显下降。全街道人口出生率由 1971 年的 9.3‰下降到现在的 5.8‰。

第二,建立了学校、社会、家庭相结合的青少年校外教育网。组织学生利用课余和假日开展有意义的活动,使他们受到阶级斗争、组织纪律和共产主义道德教育。同时,在公安部门和民兵的大力支持下,发动广大居民和青少年向一小撮坏人展开斗争,有力地打击了阶级敌人,教育了青少年。

第三,建立了商店、代销店和社会主义大院相结合的供应服务网。各服务点同群众保持密切联系,对群众的需要做到心中有数,并分不同情况,有计划地为群众送货上门,服务到家,使群众能够及时买到所需日用品。居委会代营饭馆开展了为双职工子女包饭和代加工主食的业务。有的居委会还试办了机械洗衣站,为居民包户洗衣服。服务站不仅把日常生活用品的修理工作承担起来,还为职工存门钥匙、送报、送牛奶等。服务网还同街道工作密切结合,优先照顾烈军属和孤寡病残户。甘水桥有 7 户无儿无女的病残老人,街道各项服务企事业根据自己的特点,细心给予照料,代营饭馆把热饭热菜送上门;理发店派人去为他们理发;红医员上门给他们治病送药;春夏之交,服务站把他们的棉衣棉裤拆洗干净。老人们都非常感动。

现在,和平里街道党委正在认真学习大庆的经验,决心发动群众,彻底肃清"四人帮"在商业战线的流毒,进一步充实"三站、两代、一所"的服务项目,努力提高服务水平,以新的成绩迎接党的十一大的胜利召开!

【选自《人民日报》1977 年 8 月 16 日】

重庆市民政局关于整顿
改选城市居民委员会的请示报告

民政〔1977〕字第 21 号

市革委：

为了贯彻执行华主席抓纲治国的战略决策，我们根据《城市居民委员会组织条例》规定和今年 6 月党员干部会议提出的"要整顿居民委员会"的精神，会同有关部门组织工作组，在市中区较场口街道进行了整地改选居民委员会的试点工作。现在试点工作已经结束，工作组写了一个报告，我们同意这个报告中提出的各项意见，现随文送上。

加强城市基层政权建设工作，是落实抓纲治国的一项重要内容。当前全市形势一片大好，街道工作也必须快马加鞭，跟上形势的发展，因此我们建议在今冬明春结合揭批"四人帮"的运动，参照较场口居民委员会试点工作情况，在全市城镇开展居民委员会的整顿改选工作，为加强城市管理、巩固无产阶级专政做出贡献。

以上意见和工作的报告，如无不当，请批转各区、县及有关单位参照执行。

重庆市中区革命委员会

重庆市革委民政局革命领导小组

1977 年 10 月 26 日

抄报：市政法党组、省民政局

抄送：各区县革委会、市公安局、法院、城建局、教育局、卫生局、妇联

关于整顿城市居民委员会试点工作的情况报告

城市居民委员会是开展各项街道工作的基础，是党和政府联系广大居民群众的桥梁。整顿居民委员会是基层政权组织建设工作的重要一环。按照全国人民代表大会常务委员会通过，经伟大领袖毛主席亲自批准公布的《城市居民委员会组织条例》规定，每年应该改选一次。但是由于林彪、"四人帮"的干扰破坏，我市城镇居委会自文化大革命以来基本上都没有进行过正式改选，存

在不少问题急待解决。粉碎"四人帮"后,城市街道工作要大干快上,因此居委会也必须按照条例规定进行整顿改选。根据今年 6 月市党员干部会议提出的"要整顿居民委员会"的精神,由市民政局、市中区民政科、区法院、区妇联和较场口街革委、公安派出所抽出干部组成联合工作组,在市中区委街道工作部的直接领导下,在较场口地区开展了居委会的整顿改选试点工作。整顿改选工作是在举国欢庆党的十届三中全会和党的十一大胜利召开的大喜日子里进行的。从 8 月中旬开始至 9 月下旬结束。自始至终紧紧抓住正在开展的"一清双打"运动这个纲,经过调查揭底、开展宣传、酝酿提名、选举、培训干部、建立制度等步骤,全街 15 个地段共选出居民委员会 175 人,其中连选连任的 95 人,占 54.3%,新当选 80 人,占 45.7%。整顿改造后的居委会呈现出朝气蓬勃、情绪高昂、团结一致、积极工作的新气象。连选连任的委员表示:"要人老心红志不移,继续为人民服务。"新当选的委员表示:"虚心向老代表学习。"特别是一些当选的退休职工表示:"做到人退休思想不退休,继续革命到底。"改选后正值国庆节前夕,在整顿市容的三天战斗中,不少居委会委员接连白天黑夜不下火线。在街道党委统一领导下,组织和发动居民群众 6777 人次,洗刷和修补门面 3666 户,冲洗、疏通水沟 338 条,清除垃圾 1700 多挑,拆除违章建筑 386 处。改变了过去地段上互不团结、少数人工作的冷冷清清的局面。现将工作中几个问题的处理意见和体会汇报于后。

(一)对几个问题的处理意见

(1)居委会的组织设置与委员分工问题

按照《城市居民委员会组织条例》的规定,居民委员会以下,可以根据工作需要设立经常的和临时的工作委员会。我们通过这次试点,认为居委会的班子必须精干,避免组织庞大和层次重叠。根据当前地段工作的需要和积极分子力量的实际可能,一般居委会的成员以 9 至 35 人为宜,其中文教卫生委员(包括各项政治运动的宣传、组织居民学习、青少年教育、知青上山下乡和计划生育、公共卫生、群防群治等工作)2 至 3 人;民政委员(包括优抚、救济、殡葬改革、晚婚宣传和退休职工工作等)1 至 2 人;调解委员(调处轻微的刑事案件和一般的民事纠纷)2 至 3 人;生产劳动委员(待业人员的教育管理和安排等工作)1 人;城市管理委员(市容整顿、市场管理和取缔违章建筑等工作)1 人;正主任委员 1 人;副主任委员 2 至 4 人。正副主任委员由委员互相推举。正主任掌握全面工作,副主任都分别兼一个工作委员会的主任委员。居委会下属的工作委员会成员,按照条例规定聘请居民群众中的积极分子担任。但是为了避免组织臃肿,兼职过多,因此就由居委会一名副主任和分工的委员组成,居委会副主任兼任工作委员会的主任。例如民政工作委员会,即由分工民政、生产劳动的委员组成。由一名副主任兼任民政工作委员会的主任委员,不另行聘请其他人担任,其余类推(其中治保工作委员会根据治保会组织条例选举产生,全街共选出治保委员127人)。这样居委会下属的工作委员会,一般就只有3至5人(其中治保工作委员会5至11人),达至了精干、不兼职或少兼职的原则。

(2)居委会成员的调整安排问题

由于城市街道工业的兴办,过去地段上居委会的不少委员已经成为街道工业中的骨干力量。如果仍然选举他们出来承担居民委员会的工作,在实际上是有困难的。因此我们在这次试点中,对于已经参加街道工业并担任一定领导职务的老居民委员,一般就不再选举为居委会的成员。至于个别地段上,一时确实难以找出适当人选担任居委会主任委员的,可以在街道工业中选出不是担任街道工业主要领导职务的老积极分子充任,今后街道工业在安排这些人的工作任务时,应该适当考虑给予他们一定的时间从事居民委员会的工作。

对原有居民委员中发现有重大政历问题或错误严重,又无改正表现,群众不谅解的,对因年老多病或家务拖累过重,确实出来工作有困难,起不了作用的人,在做好工作之后,可以予以落选。

至于新的居民委员的来源,可以在退休职工中物色。全街现有退休职工600人左右,这是一支有政治觉悟,有工作能力,与群众有紧密联系的生力军①。这次新选的80名居委会委员中,退休职工就有56名,占70%。

(3)居民委员会各向阳院的关系问题

向阳院是社会主义大院,一般都是以居民小组为范围成立,只有少数范围不一致。其任务和作用也相当于居民小组的任务和作用。因此,为了避免组织层次重叠,凡向阳院的范围和居民小组不一致的,都一律按居民小组的范围进行调整。即一个居民小组就是一个向阳院。今后向阳院就在居民委员会领导下进行工作。

---

① 生力军:新加入作战,具有强大作战能力的军队。比喻新加入某种工作或活动,能起积极作用的人。——编者注

至于向阳院段管会,它和居委会是重叠机构,其性质和任务都不明确,形同虚设,所以没有再设立的必要。

(4)地段妇代会的问题

此次在改选居委会的同时,妇代会也进行了改选,每个地段妇代会由 3 至 5 人组成,妇代会的正主任由居委会一名副主任兼任。

(5)居委会的经费开支问题

按照《城市居民委员会组织条例》规定,每个地段居委会有公杂费 3 元,委员的生活补助费 12 元。地段上订的报纸、学习费、水电费,以及委员的生活困难补助等,都在这笔费用中支付。今后每年由区财政部门分两次拨给街革委统一使用,包干报销。

(二)几点体会

1.调查摸底。事先做到心中有数,是搞好改选的前提。由于居委会多年没有改选,情况变化很大,先从调查摸底着手,逐段对居委会和常设工作委员会的积极分子情况,包括政治表现、思想状况、工作能力、年龄、健康、兼职情况及存在问题等,逐个进行调查,对谁可以继续留用,谁需要进行调整,都做到心中有数。整顿前的居委会是个散班子,名义上每个地段有二三十名委员(包括各种工作委员会成员在内),实际干工作的只有两三人或三五人。以五段为例,原有 23 名委员中,积极肯干的只有 4 人,其余多数是喊到才出来,或不干工作、不起作用的,造成这种状况有多方面的因素,主要是"四人帮"的干扰破坏,把人们的思想搞乱了。其次是要对部分骨干已参加和新物色人选的情况摸清楚,然后适当配搭,安排妥当,逐个谈话,为提名改选做好组织准备和思想准备。这个工作一定要做深做细,务使留者安心,去者愉快,避免反复。工作组对每个人都上门走访,有的个别谈话达十多次,因而使改选工作得以顺利进行。对于原有委员的安排处理原则一般是:凡没有发现重大政历问题和严重违法乱纪行为,又没有参加街道工业,有可能出来工作的人,都一律继续当选。对个别新发现有重大政治历史问题,或缺点错误严重的人,可以予以落选。四段原居委会主任,包庇坏人,组织小集团,投机倒把,贪污和受贿,在查实材料的基础上,在群众中公开,改选时自然被淘汰了。

2.在街道党委的统一领导下,街革委和派出所步调一致,互相支持配合,对积极分子力量统筹安排,是搞好改选的有效保证。公安派出所在每一个地段都有一个户籍员,他们对地段的情况比较了解。因此整个整顿改选工作都不能离开他们,要把他们作为改选工作的一支重要力量,由街道党委统一安排部署进行工作。居委会、治保会和妇代会等几个组织的力量安排,由街道党委统筹兼顾,全面安排,合理使用。如主要骨干力量配备发生矛盾时,治安和妇代会要输送给居民委员会。这次改选中,市中区公安分局指示各公安派出所要主动输送骨干。较场口派出所将治保会的主任或委员输送给居委会做主任或副主任的就有 5 个。个别户籍员开始舍不得让,派出所指导员亲自做工作,反复讲明地段工作是一个整体,干部是可以培养的道理,都主动积极地把最强的群干输送给了居民委员会。

3. 及时对干部进行培训,是巩固改选成果的有力措施。改选后,全街集中两天时间对各个组织的干部及时进行政治和业务培训。政治课由街道党委书记传达党的十一大精神,讲居委会的性质、任务和对居民委员会的要求;由派出所所长讲加强革命团结的问题,业务培训则邀请有关业务部门的同志分别讲课。最后,对培训进行小结,布置当前的工作任务,开展段与段之间的竞赛活动。建立健全会议、学习制度。干部普遍反映通过培训,进一步明确了形势和任务,提高了认识,鼓舞了干劲,增添了本领,懂得了工作方法,为今后开展工作打下了良好的基础。新当选的委员精神饱满,积极完成任务。一些继续当选的委员表示要团结、帮助新委员共同完成任务。新、老委员决心在街道党委的一元化领导下,为贯彻落实党的十一大提出的战斗任务,为抓纲治街做出新成绩。

较场口居委会整顿改选联合工作组

1977 年 10 月 6 日

1978

杭州市上城区勇进街道关于做好 1977 年街道、居民区工作年终总结评比的意见(初稿)①

1977 年是团结的一年、战斗的一年、胜利的一年,在这不平凡的一年里,我们勇进街道在英明领袖华主席抓纲治国战略决策和党的十一大路线指引下,在区委和街道党委的具体领导下,高举毛主席的伟大旗帜,开展了声势浩大的揭批"四人帮"的政治大革命。在广大居民干部和居民群众中,马列主义,毛泽东思想大普及,被"四人帮"长期搞乱了的路线是非基本上得到了澄清,毛主席的无产阶级革命路线能够比较顺利地贯彻执行了。同时,广泛开展了工业学大庆运动,居民区的各项工作同样面貌一新,夺得了抓纲治国初显成效的大胜利。

为了更好地发扬成绩、表彰先进、总结经验,充分调动一切积极因素,为了更好地加快实现"四个现代化",为高速度地把国民经济搞上去服务,为了更好地深入揭批"四人帮",进一步巩固无产阶级专政,发展大好形势,街道党委决定:从现在起到 1 月 20 日至 25 日止,在街道居民区工作方面,开展一次群众性的年终总结评比。

一、指导思想

毛主席指出:"全面规划,几次检查,年终评比,这是三个重要方法,这样一来,全局和细节都被掌握了,可以及时总结经验,发扬成绩,纠正错误,又可以激励人心,大家奋进。"在总结评比中,我们一定要高举毛主席的伟大旗帜,坚决贯彻华主席、党中央的指示,紧紧抓住揭批"四人帮"这个带动全局的纲,打好第三个战役,对"四人帮"的邪派、邪气、邪风来一个大扫除,让社会主义的好思想、好风格进一步发扬光大,造成"先进更先进,后进赶先进,革命加拼命,拼命干革命"的政治气氛。

年终总结必须突出重点,着重总结评比内容:坚决同"四人帮"斗,同资本

---

① 原文标题为《关于做好 1977 年街道、居民区工作年终总结评比的意见(初稿)》。

主义斗,拼命干社会主义,在工业学大庆运动中打了胜仗的同志。对于那些办事公正、人老心红、不因名利、不图报酬、不辞劳苦的居民干部和群众,我们要把他们树立起来,要为他们大喊大叫,充分发挥他们的榜样力量。总之,勇于总评,评出干劲,评出风格,极大地调动居民干部和居民群众抓纲治国,抓纲治街道、居民区的社会主义积极性,为完成1978年关键性一年的光荣而又艰巨的任务而努力奋斗。

二、总结评比的范围和名称

先进集体:居民区、小组、"五七"加工组、向阳院。

先进个人:主要是评选居民干部,以及群众中热心居民工作的积极分子,"五七"加工等生活服务行业中的从业人员。

戴帽的地、实、反、坏分子,资本家及与"四人帮"有牵连的人不能参加评选。

三、总结评比的条件

先进集体的条件是:

(一)认真组织干部和群众学习马列著作和毛主席著作,认真搞好揭批"四人帮"的斗争,认真开展革命大批判,努力肃清"四人帮"反革命修正主义路线的流毒和影响。

(二)领导班子重视经常性思想工作,能带领广大干部群众团结战斗,坚决执行华主席、党中央的指示和有关的各项方针政策,纪律严,作风好,业务强,能拧成一股绳,有分有合,形成一个革命化、战斗化的队伍。

(三)在工业学大庆,抓革命、促生产,关心群众生活,搞好治安保卫,纠纷调解,卫生革命,青少年教育,上山下乡,拥军优属,市场管理,节粮储蓄,生活服务等工作中有显著成绩的。

先进个人的条件是:

(一)认真学习马列和毛主席著作,学习华主席、党中央的指示,以先进人物为榜样,在党的领导下积极参加各项政治运动,不断提高继续革命的觉悟。

(二)在揭批"四人帮"斗争中,立场坚定、旗帜鲜明,并能团结群众,敢于同违反社会主义的歪风邪气作坚决斗争。

(三)牢固确立国家主人翁责任感,说老实话,办老实事,做老实人,刻苦钻研业务工作,积极埋头苦干,在某项工作中取得显著成绩者。

（四）在总结评比中，必须注意的几个问题

1.各片党支部，各居民区要加强对年终总结评比的领导。首先要组织居民干部和群众认真学习中央"两报一刊"的元旦社论《光明的中国》，逐段深刻领会社论的精神，同时按照元旦社论的精神，联系本单位的实际，学习大庆开展"三大讲"回顾，总结一年来的工作，要先集体，后个人，搞总结，人人总结，借以肯定成绩，总结经验，找出差距，明确改进方向，然后按民主集中制的原则，群众提名，集体评议，二上二下，酝酿讨论，由片审批掌握平衡，先进集体则由片、街道统一平衡。

2.按各片建立年终评比领导小组，片党支部书记任组长。

街道管片干部由派出所民警、各居民区主任组成，并由支部书记任组长；街道分管干部以民警为副组长，注意充分发扬民主，坚持群众路线、自下而上、群众提名和民主集中。

第一，名额分配，总数400名左右，具体另与各片统一商定。

第二，时间要抓紧，学习阶段2到3天，总结经验，开展"三大讲"4到5天，开展评比2到3天，力争于20日左右结束。

第三，提高革命警惕，注意掌握阶级斗争动向，防止阶级敌人造谣破坏，对于阶级敌人的破坏活动，必须查明情况，给予严厉打击。同时，要把总结评比作为推动当前做好各项街道、居民区工作的一项强大政治动力，通过总评，掀起一个比学赶的新高潮。

中共勇进街道委员会

1978 年 1 月 9 日

【由杭州市上城区档案馆提供】

中共杭州市上城区横河街道委员会
关于整顿居民委员会的意见①

经过1973年的居民委员会整顿,近几年来随着形势的发展,居民干部也有很大的变动,出现了:(1)年老病多少数死亡;(2)随着丈夫、子女工作调动的或搬家迁出本地住;(3)政治情况变动;(4)随着城市建设的发展,出现户数增多、小组扩大等现象。这些已与当前飞跃发展的大好形势不相适应。

1978年是贯彻执行英明领袖华主席抓纲治国战略决策三年大见成效的重要一年。为了紧跟大好形势,努力把居民区办成大庆式居民区,认真贯彻枫桥经验,为搞好城市建设而努力,街道党委决定整顿居民委员会,加强领导班子建设,通过整顿促进大踏步地前进。

一、整顿居民委员会组织设置

居民委员会设正副主任4人,委员若干(每个小组必须有1个委员),设3个工作委员会(治保、卫生、妇女)。居民委员会主任负责全盘工作,副主任各抓一个工作委员会。居民委员会委员担任各小组组长。每个小组不得少于4个干部。互助储金的主任要居民委员会成员担任,干事可以各组聘请(每组1人)。青少年教育工作必须由居民委员会委员负责分管。

同时,居民组的行政整顿要与党支部整顿相结合,有条件的居民区要单独建立党支部。为了加强党对居民区的直接领导,发扬党支部的堡垒作用,居民区的支部书记尽可能兼任居委会主任。

二、方法、布置

1.11个居民区共分两批进行。第一批为建中、四新、全新、大学、菜市5个居民区,余下的6个居民区为第二批,3月份进行。

2.分三步走:

---

① 原文标题为《中共横河街道委员会关于整顿居民委员会意见》。

第一步：居民委员会委员学习文件，提高认识、统一思想，明确整顿意义和目的要求。在这个基础上，肯定成绩，总结工作，并批判"四人帮"的流毒和影响。着重总结粉碎"四人帮"后的工作，向群众报告，提出整顿意见。然后群众讨论，肯定成绩、听取意见，帮助修改总结，表示搞好整顿的态度。（2 月 14 日—17 日）

第二步：调查研究，协调名单，酝酿候选人，选举出新的居民委员会。（2 月 18 日—24 日）

第三步：将新的居民委员会分工上报街道，审查批准张榜公布。（2 月 24 日—28 日）

三、组织领导整顿工作

在党委的集体领导下分工负责，实行大权独揽、小权分散的原则，四大主任由党委审批，各级居民委员会委员、工作委员会委员由外勤民警分线领导负责审查和商议后经主管领导研究同意。具体分工：建中，黄曙光；大学，董锡泰；全新，史玉芬；菜市，封红英。各居民区管辖民警共同负责，紧密配合。

四、必须掌握和注意的问题

1. 必须以阶级斗争为纲，深揭猛批"四人帮"，打好第三战役，以整顿为重点，抓紧抓好其他各项工作有机结合进行。

2. 必须注意做好认真深入细致的政治思想工作。在整顿中要做到领导掌握，群众路线。既要注意政治质量，又要考虑有一定的工作能力，同时要注意群众基础。

3. 在第一批整顿的过程中要随时总结经验，同时对第二批整顿做好必要的准备。

以搞好居委会组织整顿为重点带动各项工作前进的实际行动，为迎接中华人民共和国第五届全国人民代表大会和区第二次党代表大会的胜利召开而努力。

中共横河街道委员会

1978 年 2 月 15 日

【由杭州市上城区档案馆提供】

衡阳市苗圃街道大力发展商业、服务业网点①

　　湖南省衡阳市江东区紧靠城郊的苗圃街道,是铁路职工家属区和新兴工业区。在这13里长、4里宽的地段里,居住着衡阳铁路分局等50多个单位的职工和家属31000多人。这里共有9个居委会,103个向阳院。

　　1971年以前,这里只在中心地段有寥寥几家商店,偏远地段的居民购买生活必需品要跑六七里路。缝补、修理店和托儿所也没有,群众生活上的很多问题解决不了,影响工作和休息。

　　最近,我们随同街道干部穿街走巷,在苗圃街道进行采访,看到这里的情况变了:在街上,除几家国营商店之外,从中心地段到偏远的家属区,在商业部门和街道党委领导下,由街道办事处和居委会兴办的百货、副食、饮食、蔬菜、豆腐、肉食、日杂、煤炭和废旧物资收购等35个"三代店"(代购、代销、代营),以及托儿所、医疗站、图书室、理发、缝补、修理等20多个服务网点星罗棋布,形成了一个以国营商业为主体,以"三代店"和其他服务点为补充,有利生产、方便生活的街道商业服务事业网,出现了一派欣欣向荣的气象。

　　在苗圃街道办事处,我们看到了许多群众的表扬信,热情洋溢地称赞这个街道兴办的"三代店"和生活服务事业,真是"巧理千家事,温暖万人心"。有一封表扬信写道:"我们东方里第十向阳院,居住着衡阳市冶炼机械厂的140多户职工家属。过去每月为了买煤要请一两次假,往返十多里,得费很大气力把煤弄回家。厂里粗略计算,每月损失在买煤上的工时就达2000多个。自从居委会把煤炭代销店办到了我们家门口,现在利用午休或班后,随到随买真方便,逢年过节、生产大忙,店里还送煤到家,支援工业学大庆!"

　　在苗圃街道进行访问时,几乎随处可以听到群众对"三代店"和生活服务事业的赞扬。铁路车辆厂修配车间党支部书记说:"'三代店'给了我看书学习的时间。"过去,每天早晨,他都要跑到几里路外去排队买菜,来回一个小时,赶去上班还比较紧张;现在只花几分钟就在附近代销店买到菜,上班前还可以看

---

　　① 原文标题为《衡阳一条街——记衡阳市苗圃街道大力发展商业、服务业网点》。

书学习。铁路车辆段技术室的 9 名技术人员,大多住在苗圃街道偏远地段的清泉里、东方里。过去这一带没有商店,他们往往一个星期只买两三次菜,连吃几天剩菜或干菜。现在可不一样了,技术员尤祥礼说:"有了'三代店',大家可以集中精力钻研业务,为实现四个现代化大干了!"

由于依靠群众,"三代店"和服务网点建设速度很快。东方里居委会只用了一个月时间,就办成饮食、百货、煤炭、肉食、豆腐等 6 个代销代营店。衡阳市商业局负责同志告诉记者:"像苗圃街道这样的工业区,如果全部要国营商业来布设商业点,国家至少需增加商业职工三四百人,并要花上百万元资金,还不可能办得这么快。"苗圃街道的商业服务事业人员,都是从铁路职工家属、退休老工人和按政策留城知识青年中挑选出来的。他们同附近居民有密切联系,热心为群众办事。严冬的一个清晨,天色还没大亮,当我们来到健康里的蔬菜、豆腐和肉食代销店时,店里灯光通明。为了不耽误顾客上班,7 个女营业员,清晨 6 点就开门营业了。中午,她们又推车到附近探矿机械厂门口卖菜。

在各居委会里有一些年老多病的烈军属和儿女不在身边的老人、废残人,他们日常生活需要的煤炭、蔬菜、肉食、肥皂等,"三代店"服务员经常送货上门。

苗圃街道党委动员和依靠群众自己的力量兴办"三代店"和服务事业,受到了湖南省委和衡阳市委的热情鼓励和表扬,在财贸"双学"运动中,湖南省委把苗圃街道"三代店"树立为全省财贸战线的一面红旗。

【选自《人民日报》1978 年 4 月 19 日】

北京市地坛公园附近一居民区开办街道机械洗衣站^①

　　北京地坛公园旁边的北里居民区,开办了一个街道机械洗衣站,为解决家庭洗衣服务社会化问题探索经验。

　　这个洗衣站为适应群众不同的需要,采取两种服务办法:一是随来随收活,按国营洗染店三级价的八折收费。二是包户洗衣,包洗户每人每月交费五角(两口人以上每增加一人交半费)。包洗的户,除贴身衣服以外,一家人的衬衣和制服每周可送洗衣站洗一次,床单和枕巾半月洗一次,被里和褥单一季度洗一次,平均每件只合一分几厘钱。为了保证居民健康,病人的衣服单洗单放。

　　现在包洗的30多户中,有没有劳动能力的困难户、烈军属,多数是家务缠身的双职工。这一带的群众普遍反映,办机械洗衣站太好啦! 1台机器、12个家庭妇女,就把好几百人从洗衣劳动中基本解脱出来。居住在洗衣站附近的两三个无人照料的病残老人,也不需要求靠邻友帮助洗衣服了。

　　地坛北里机械洗衣站,是北京财贸主管部门于1975年倡导办起来的,得到了商业部的积极支持。它是由街道居委会组织闲散居民和职工家属兴办的生活服务项目之一。洗衣站的机械设备是居委会从积累中拿出1万元购置的,工作人员的开支也由居委会统一支付。

　　这个洗衣站开办以来,经常有不少双职工、干部和科技人员找上门来,恳求扩大包洗户。洗衣站同志很为难。他们说,目前只有一台洗衣机,不够用,机器效能也不够高。他们希望工业生产和服务事业主管部门多生产一些自动化程度高的洗衣机,帮助城市街道逐步开设更多的机械洗衣站。

　　包户洗衣的办法也还值得研究,个别户把亲友的衣物也夹带来洗。因此,包洗业务出现了赔钱问题。为了弥补亏空,他们承揽了机关团体的大批拆洗衣物。但这样降低了为家庭包洗的能力。目前,有关部门正在帮助他们总结经验,改进工作。

【选自《人民日报》1978年6月23日】

---

　　① 　原文标题为《家庭洗衣服务可以社会化——记北京地坛公园附近的一个街道机械洗衣站》。

上海市汉阳路上的商业和街道服务工作深受群众欢迎①

　　供应点多、服务项目多、花色品种多、群众兴办的生活服务事业多,这是上海商业战线和街道工作的一个优良传统。在清除"四人帮"的干扰和破坏以后,这种传统得到恢复和发扬。

　　汉阳路位于虹口区南部,这条街不长,从西南到东北不到 400 米。街上有两条弄堂,住了 200 多户人家,大多数是职工及其家属。街上有 16 家商店,还有里弄委员会办的一个生活服务站、一个合作医疗站、一个加工组。环立路口的一个大菜场,同三条马路相连。大体上有汉阳路这么多供应、服务点的马路,在整个虹口区的 200 多条马路中有五六十条。

　　从马路的南头往北走,第一家是国营春江烟纸店,出售香烟、手纸、酒、蚊香及简单的文具。这条街上还有两家烟纸代销店。据虹口区商业局的同志说,全区 200 多条马路,这种店就有 600 家左右,居民出门不用走多远就能买到香烟之类的日用品,确实十分方便。

　　离国营烟纸店不远是为民食品店,供应糕点、糖果、冷饮。这家商店充分供应甜咸面包,有六七种之多。为了解决双职工做饭的困难,咸面包售价低廉,有一种咸面包成本是三分半,卖四分。上海商业部门已兴办一个主食面包厂,开始供应部分机关伙食单位,受到职工欢迎。各区县商业部门也准备办主食面包厂。

　　为民食品店的邻居是汉阳百货店。店面很小,商品品种可不少,前几年有 800 多种,现在增添到 1200 多种。每个季度,他们都到里弄委员会去开座谈会,征求居民的意见,平时也注意根据居民要求增添品种。例如,最近居民反映,需要男用平脚衬裤,他们立即进货供应。附近几条马路上有 4 家旅社,外地旅客要求供应尼龙衬裤、塑料拎包,他们也很快进了货。这家百货店还开设多种服务项目。"配":顾客缺什么东西,有的可以在这儿配齐。例如,丢了或坏了一只袜子,可以到这里配一只。"租":雨鞋、雨伞可以租用,这主要是为外

　　① 原文标题为《让人们省下时间用到新长征中去——记上海汉阳路上深受群众欢迎的商业和街道服务工作》。

地旅客服务的;市场上有一种缝纫机车针供不应求,他们就租给居民用。"收":废电池、破牙刷、空瓶子都回收。他们的服务态度受到附近许多居民和外地旅客的好评。

再往前走,有个油酱店。除了卖油盐酱醋,还兼卖面粉制品。光面条就有十多种,有供产妇吃的长面(又名糖面)、供糖尿病人吃的无碱面等。这里还有大、中、小号的馄饨皮、饺子皮、烧卖皮和锅贴皮。上海人一般不大会做面食,但现在吃饺子十分方便。居民们到这里买油酱,顺便就买了饺子皮,然后到对面菜场去买加工好的肉末、菜馅,拿回家后,只要和好佐料,动手一包,很快就能吃上。上海许多较大的粮食店和油酱店都兼卖面粉制品。

油酱店旁边是国营长江点心店。早点供应肉包、小笼汤包、馄饨,中午供应面点。最近天热了,开始供应凉面,一直营业到晚上 11 点钟。路东菜场旁边还有一家合作食堂,供应品种更多。我们到店门口挂的菜牌上一看,光早点供应的品种就有 14 种:油条、烧饼、葱油薄饼、糖三角、酒酿圆子、馒头、麻球、粢饭、甜咸豆浆、粽子等;中午供应的炒菜有十几种,还有 14 种汤菜,如猪肝豆腐汤、肉圆菜汤等。这种汤菜每碗二角多钱,有菜有汤,很受劳动人民欢迎。这家食堂的营业时间,从早晨 4 点开始直到晚上 12 点 30 分。

这条街的北头还有一家糕团店,专门零售江南风味的糕团点心。虹口区 70 万人口,大小饭店和点心店有 231 家,平均每条马路有一家,因为供应点多,一般情况下很少排长队。

这条街上有个生活服务站,是里弄委员会组织家庭妇女举办的。这个站的服务项目有:理发、补衣袜、磨刀、修理雨具、修棕床,以及代收电费、水费、房费等,总共二三十项。凡居民提出的要求,他们都尽量设法满足。例如,自行车铺离这里较远,居民们希望提供打气筒,他们很快就准备了一个;有的居民深夜有急病要送医院,叫不到车,他们就准备了一辆三轮车,不但可以租用,而且可以为居民蹬车送病人。他们每夜有人值班,半夜有急事也传呼电话。有这样一个服务站,可以帮助居民从一部分家务劳动中解脱出来,使他们能节省不少宝贵的时间用于工作和学习。

服务站旁边是一家合作医疗站,医务人员是从家庭妇女、知识青年中培养出来的。他们通宵服务,而且经常到里弄去宣传卫生常识,登门给卧床的病人打针、送药。

晚上,汉阳路上很热闹,每条里弄都在放电视。在上海,每个里弄委员会都有五六台电视机,每当有重要和精彩的节目播送时,全市经常有几百万人收看。

汉阳路上的菜场叫三角地菜场。这个菜场很有名,远近都有人来买菜。里面设有许多专柜。例如,有一种群众喜爱的菜刚上市,供不应求,他们就在盆菜专柜把这种菜拼成各种盆菜,让更多居民尝新。这个专柜还供应"假日组菜",有三菜一汤、四菜一汤,搭配齐全,可以一次买齐,不必到几处排队。他们还为顾客杀鸡去毛、剖鱼去鳞,不但方便居民,而且可以把这些下脚料提供给有关单位作为工业原料。菜场的服务时间从清晨 5 点到晚上 12 点,居民中午、晚上也能买到好菜,这样就逐步改变了上海居民赶早市买菜的老习惯。菜场的领导同志说,他们最近讨论了一个问题:菜场工作的主攻方向是什么?通过讨论,全场职工一致认为,主攻方向应该是千方百计方便居民,让他们省下时间用到新的长征中去。买菜不方便,就会浪费居民的精力和时间,居民就不能适应当前大干快上的形势。

上海商业战线和街道服务工作,在学大庆、学大寨的运动中出现了欣欣向荣的新气象。群众买东西排队的现象已经减少,市场秩序越来越好,后进地区的面貌也在发生变化。在这样一个有 1000 万人口的大城市,搞好商业工作和生活服务工作困难很多,工作进展也不平衡,但总的来说成绩确实很大。在这方面,各地商业战线和做街道工作的同志可以向上海学到不少经验。

【选自《人民日报》1978 年 6 月 26 日】

北京市二龙路街道党委发动群众搞好环境保护工作①

北京市二龙路街道党委发动群众消烟除尘,治理"三废",认真搞好环境保护工作,取得了很好的成绩。

二龙路地区,包括100多条大街小巷,面积有2.3平方公里。这里有许多机关和工厂企业,住着近7万名居民。随着工业的发展,这个地区产生的烟尘越来越多,环境污染越来越严重。

近几年来,二龙路街道党委重视环境保护工作,认真解决烟尘污染问题。这里的街道干净了,空气中的烟尘大大减少。过去那种烟尘四起,居民不敢开窗户、不敢在院子里晾衣服的状况有了明显改变。工厂排出的难闻的气味基本消失了。

消烟除尘是随着工业发展出现的新课题。开头,二龙路街道党委对消烟除尘工作缺乏认识,认为烟囱哪有不冒烟的,消烟除尘是工业部门的事,街道党委无能为力。1972年的一天,敬爱的周总理乘车经过西单路口,看到一个烟囱冒出滚滚黑烟,在空中形成一条大"黑龙"。总理说:"这是什么单位,要他们赶快治理。"这个单位遵照周总理的指示,改造了锅炉,很快消除了"黑龙"。二龙路街道党委知道这件事后,很受感动,大家说:"总理那么忙,不能再让他老人家操心了! 我们要负起责任,解决二龙路地区的烟尘问题。"从此,二龙路街道党委把环境保护工作列入党委议事日程,由一名副书记挂帅,成立了环境保护办公室,有组织、有计划、有步骤地抓好这项工作。

二龙路街道党委成员对于环境保护工作都是外行,就是环境保护办公室的专职干部也不"专"。为了取得这项工作的领导权,有关负责同志认真学习这方面的科学知识。几年来,他们查了十几种参考书籍,订阅了好几份科技杂志,刻苦钻研。在"四人帮"严重干扰的时期,也从不间断。他们不光向书本学,还在实践中学,这几年他们到工厂、机关的锅炉房,同司炉工一起,参加消烟除尘工作,熟悉了几十种锅炉的型号和构造,对锅炉的改造工作有了发言权。

---

① 原文标题为《消烟除尘治"三废"保障人民健康　北京市二龙路街道党委发动群众搞好环境保护工作》。

　　在开展消烟除尘工作中,他们遇到一个难题:敢不敢对一些大工厂、大机关的烟尘污染进行监督。开头,有些同志有畏难情绪。党委经过讨论认识到:环境保护工作只有按照"条条治理,块块监督"的原则,才能做好。我们是街道党委,一定要发挥"块块监督"的作用,努力做好环境保护工作。有一个大机关的烟尘污染很厉害,街道党委去请他们治理,有关人员不积极,很难推动。党委和环境保护办公室的同志不怕吃苦,不怕碰钉子,以对党和人民负责的精神,多次去找有关人员商量,并帮助他们研究改造锅炉的办法,终于促使这个单位积极行动起来,用4个多月的时间,改了3台旧式锅炉,消除了一条大"黑龙",受到周围居民的欢迎。

　　目前,二龙路街道党委正继续努力,在进一步治理"三废"方面下功夫。

【选自《人民日报》1978 年 7 月 21 日】

杭州市上城区委关于改称街道办事处的请示报告①

上委〔1978〕94 号

市委：

　　自 1968 年街道建立革命委员会以来,其在各级党委的领导下,是发挥了一定作用的。现根据《中华人民共和国宪法》规定和中央〔1978〕13 号文件精神以及参照有的城市对街道机构设置的经验,我们建议将现行街道革命委员会改称为街道办事处。街道革委会主任、副主任改称为街道办事处主任、副主任。当否,请批示。

中共杭州市上城区委员会

1978 年 8 月 18 日

【由杭州市上城区档案馆提供】

---

　　①　原文标题为《关于改称街道办事处的请示报告》。

杭州市上城区革委会转发
《关于城区街道(居民区)"三代"商店和
修补服务站办理工商企业登记的补充通知》

各街道:

　　现将市工商行政管理局《关于城区街道(居民区)"三代"商店和修补服务站办理工商企业登记的补充通知》转发给你们,请照执行。

杭州市上城区革委会办公室
1978 年 8 月 21 日

关于城区街道(居民区)"三代"商店和修补
服务站办理工商企业登记的补充通知

各区工商行政管理局:

　　为适应城市人民生活服务事业发展的需要,根据国务院《工商企业登记管理试行办法》的规定精神,现对杭州市城市街道(居民区)举办的代购、代销、代营商店和修补服务站的工商企业登记问题补充通知如下。

　　一、登记范围

　　代购、代销、代营商店:

　　修补服务站。经营项目有黑白铁、竹、木、棕、藤、塑料、小五金;钟表眼镜、车辆、雨具、缝纫(包括来料加工、拷边、拆翻洗烫,棉毛、卫生、汗衫裤和蚊帐修补)、织补、毛线编织、弹花、理发等等。

　　街道、居民区办的食堂,七星灶,老虎灶,茶室,幼儿园,托儿所,红医站等,属于社会福利事业,可以不必办理登记。

　　二、登记单位

　　代购、代销、代营商店原则上一个居民区设一个,也可以按行业设立。"三代"店名称:××区××街道××居民百货代销店。

修补服务站。原则上一个街道设一个,按行业下设若干服务店。如街道管辖范围大,路线较长,亦可按居民区设站。修补服务站名称:××区××街道(或××居民)修补服务站。

三、登记手续

街道为申请单位,至区城市生产生活服务局(或区商业科)签署□见,送市业务主管局审查,然后至区工商行政管理局办理登记发证手续。

凡有印刷、刻字、证章、旅馆、寄宿、旧货、废品和照相机、车辆、无线电、钟表修理的均属特种行业,还应经公安机关审查。

此通知与以前规定有抵触者,按本文规定办理。

1978 年 8 月 15 日

【由杭州市上城区档案馆提供】

牡丹江市革委会街道办
批转满江红街道《居民委员会试行办法》
《居委会干部工作守则》(草案)①

牡街发〔1978〕3 号

各区革委会：

　　满江红街道在深入揭批"四人帮"，紧密联系实际，肃清其流毒和影响，认真贯彻五届人大会议精神的基础上，遵照英明领袖华主席"不是一级政权，不再设立革命委员会"的重要指示，根据 1954 年国家颁布的《居民委员会组织条例》，恢复建立了居民委员会，为抓纲治街做出了新贡献，在新的历史条件下，他们为了适应街道面临的新形势、新任务，在总结正反两方面经验教训的基础上，发动群众讨论制定了《居民委员会试行办法》和《居委会干部工作守则》，他们的做法较好。为了逐步恢复建立居民委员会，推动以生产、服务为重点的各项街道工作，现将《满江红街道居民委员会试行办法》(草案)和《满江红街道居委会干部工作守则》(草案)转发给你们，各街道可参照他们的试行办法，结合自己的特点，认真研究试行，并在工作中注意摸索自己的经验，希各区在 1978 年 12 月下旬将试行中的具体经验报告街道办，以便统一制定全市居民委员会工作条例。

　　　　　　　　　　　　　　　　牡丹江市革命委员会街道工作办公室
　　　　　　　　　　　　　　　　1978 年 8 月 22 日

满江红街道居民委员会试行办法(草案)

　　由于形势的发展、斗争的需要，1968 年将三个居民委员会合并改称"街道革命委员会"。十余年来，在两条路线的激烈斗争中，街道革命委员会在区革委、办事处的正确领导下，始终沿着毛主席指引的"五七"道路，在组织街道居民积极举办生产服务事业，努力实现"三变三之中"，解决职工"后顾之忧"，建立巩固"后方"阵地等方面，都做了大量工作，取得了很好的成绩。

---

　　① 原文标题为《批转满江红街道〈居民委员会试行办法〉〈居委会干部工作守则〉(草案)》。

华主席在五届人大政府工作报告中明确指出:"各级革命委员会是我国无产阶级专政的地方政权机构。""工厂、生产大队、学校、商店以及机关和其他企业单位,除了实行政企合一的厂矿企业以外,都不是一级政权,不再设立革命委员会,而应分别实行党委领导下的厂长、大队长、校长、经理等的分工负责制。"遵照华主席的指示,根据1954年国家颁布的《居民委员会组织条例》,在市区工作组的帮助下恢复建立了居民委员会,现将满江红街道居民委员会试行办法规定如下:

第一条　为加强城市管理,贯彻"双服务"方针,加速实现新时期的总任务,把巩固无产阶级专政任务落实到基层,在区委区革委领导下,成立居民委员会。居委会即基层行政组织,也是基层经济组织,对街道行政工作和生产服务工作实行统一领导,全面安排,居委会的干部即是居民的行政领导人,也是生产服务单位的负责人和劳动者。

第二条　居民委员会的任务如下:

(一)组织居民学习马克思主义、毛泽东思想,学习文化科学知识。

(二)动员居民和大院职工认真贯彻执行党的各项方针、政策,热烈响应政府的号召,模范地遵守新宪法规定的法律和法令,履行公民的权利和义务。

(三)坚决贯彻执行城市工作"为生产、为工人群众服务"的方针。把有利生产,方便生活,为城市建设服务,为千家万户服务当作居民委员会的工作重点,要把街道办成"四化""五网",坚强的社会主义"后方"阵地。

(四)在公安机关领导下,领导群众性的治安保卫和反腐争青工作,建立一个安定、团结的社会主义新秩序。

(五)在司法机关指导下,调解居民间的纠纷,实现家庭和睦,邻里团结。

第三条　居民委员会的组织如下:

(一)居民委员会暂按现行管辖范围设立。

居民委员会下设居民小组(大院),由15至40户居民组成。

当前为适应工作需要划成三片(每片100至600户),由居民委员会委员分工包干,负责抓好。

(二)居民委员会设委员7至11人,由委员互推主任1人,副主任2至3人,其中有1人管妇女工作。

居民小组设组长1人,尽可能从生产服务点选举。

(三)在居民委员会统一领导下,建立生产生活、治安保卫、文教卫生、调解、妇女等项工作委员会。工作委员会应当吸收居民中的积极分子参加,但要尽可能做到一人一职,不使他们的工作负担过重。

(四)居民中的被管分子和其他被剥夺政治权利的分子,应当编入居民小组,但不准担任居民委员会委员、居民组小组长和工作委员会的委员。在必要的时候,居民小组组长有权停止他们参加居民小组的某些会议。

第四条　居民委员会每届任期两年。

居民委员会委员因故不能担任职务的,经办事处批准,主任、副主任经区革委批准,可以随时改选和补选。

第五条　居民委员会要加强对大院的领导,充分发挥住街职工管理城市、改造城市、建设城市的作用,教育他们遵守居民委员会有关居民公共利益的决议和公约。

第六条　居民委员会进行工作时,应当根据民主集中制和群众自愿原则,充分发扬民主,不准强迫命令。

第七条　居民委员会对上要加强请示报告制度,对下每季要向居民、住街职工汇报一次工作,征求意见,听取批评,调动一切积极因素,争取更大胜利。

满江红街道居委会干部工作守则(草案)

为了把居委会领导班子建设成坚决执行毛主席革命路线,认真贯彻党的各项方针政策,坚持三项基本原则,团结战斗的领导核心,特制定本工作守则。

一、必须坚持无产阶级政治挂帅,认真学习马克思主义、列宁主义、毛泽东思想,积极学习文化、科技和生产、生活管理知识,牢固树立政治观点、生产观点、群众观点,三大革命一起抓,把自己锻炼成政治上坚强、业务上熟练、工作上多面手,又红又专大干社会主义的带头人。

二、必须坚决贯彻执行党的各项方针、政策,模范地遵守党纪国法,坚持批资批修,立场坚定,旗帜鲜明地向坏人坏事作斗争,把巩固无产阶级专政的任务落实到街道基层。

三、必须坚持党的群众路线,全心全意地相信群众,依靠群众,教育群众,发动群众,密切地联系居民,熟悉居民,关心居民,接受居民批评监督,全心全意地为居民群众服务。

四、必须开展批评与自我批评,做到言者无罪,闻者足戒,有则改之,无则加勉,形成一个团结、紧张、严肃、活泼的生动的政治局面。

【牡丹江市民政局提供】

天津市邵公庄街道把家庭妇女和闲散劳力组织起来①

　　天津邵公庄街道党委把家庭妇女和社会闲散劳力组织起来了。他们利用这批力量在全街道办起了 10 个托儿所,10 个代营食堂,10 个拆洗缝纫点,11 个群众防疫站,4 个商品代销点,5 个理发点,13 个自行车存放处和 5 个代卖牛奶站,为千家万户服务,广大职工安心生产、工作、学习和休息。

　　邵公庄街道有 10 个居民区,10080 多户,41000 多人,还有近百个工厂、商店、机关、学校。普遍办起托儿所以后,全街道愿意入托的一周岁半至七周岁的孩子基本上都管起来了,有的托儿所还收托了出生满 56 天的婴儿。

　　新办的街道代营食堂,主要供应职工群众吃早点,有些还备有午餐。过去群众吃早点排长队,等候时间长,现在随时都能吃上。早点品种多样,经济实惠。有的代营食堂为职工蒸饭。双职工的上学儿童可以在代营食堂"包饭"。

　　根据群众需要办起来的 4 个商品代销点,经营百货、副食、香烟、糕点、糖果、文具等 100 多种商品,群众购买油盐酱醋和日常生活用品方便多了。

　　　　　　　　　　　　　　　　　　【选自《人民日报》1978 年 9 月 25 日】

---

　　①　原文标题为《把家庭妇女和闲散劳力组织起来》。

1979

上海市武夷街道生产组装配门锁效率比国营厂高①

上海长征锁厂生产的丰收牌弹子门锁,在去年7月全国同行业质量评比会上被评为第一。因此,厂党支部办公室挂着一面大锦旗,绣着"全国弹子门锁质量评比流动红旗第一名"17个大字。

但是,这种门锁绝大部分是包给武夷街道一个生产组做的,工厂自己只承担一小部分。令人吃惊的是,同样装配门锁,效率大不相同,国营厂反而不如小小的街道生产组。

武夷街道那个生产组有49名生产人员,平均每人每天装460把锁,最高的超过500把。长征锁厂装配门锁的一个小组有13名工人,平均每人一天只装配280把,还不到1971年的水平。

武夷街道那个生产组的全部成员都是体弱的家庭妇女和知识青年;而长征锁厂那个小组的工人,平均比街道生产组成员年轻7岁,技术水平比较高,健康状况比较好,生产场地和设备条件更是好得多。

过去向街道生产组传授装锁技术的锁厂工人,现在平均每人的日产量只有徒弟的70%,这是什么缘故?带着这个问题,我们走访了长征锁厂厂长常家坤。他对此深有感触,认为主要是"吃大锅饭"的思想在作怪。

从我们调查的情况看,常家坤的话确是击中了要害。街道工业是集体所有制,实行生产小组独立核算,街道自负盈亏。职工是计日报酬,干一天拿一天的工资。生产任务完成的好坏、企业积累的多少,与个人收入密切相关。武夷街道那个生产组,自1971年成立以来,由于生产发展、积累增加,福利待遇有了很大改善。因此,大家都很关心自己的集体,千方百计地把生产组办好,出勤率一直保持在98%以上,上班8小时,人人争分夺秒地干。几年来,这个组的产量、产品质量直线上升,定额指标一再提高。

长征锁厂的那个装锁小组却是另一番景象。有的人干活慢慢吞吞,有的人边干边聊天,有的人干脆放下工作找人闲聊。据说,厂里从1971年就开始

---

① 原文标题为《为什么国营厂装配门锁的效率不如街道生产组?》。

实行定额制度。但是,过去由于没有奖励办法,干多干少,超过定额和完不成定额一个样。因此,工人们往往做多少算多少,不大关心自己的生产成果。去年10月,这个厂开始试行奖励制度,但是奖金级差仅1元,鼓励作用并不大。有的工人看到完不成定额,拿不到奖金,干脆多请几天病假,反正工资分文不少。10月份,这个组的13名工人共请假117天,相当于四个半人全月没有上班。

据记者所知,在上海经济战线上,类似这两个单位的情况并不是个别现象。在提高生产效率,关心产品质量,精打细算、勤俭办企业,讲究经济效果等方面,有些全民所有制的工厂往往不如街道里弄加工组。全民所有制企业一切由国家包下来,办得是好是坏,是盈利还是亏损,与职工直接的经济利益关系不大。有的单位尽管长期亏损,而干部、群众的工资却月月照拿,领导人也没感到有什么压力,用不着为"吃饭"问题操心。

在采访中,许多干部、工人向我们提出,为了加速实现四个现代化,当前迫切需要实行把国家、集体和个人利益直接结合起来的经济制度,那些"开大锅饭""吃大锅饭"的落后思想和做法该彻底打破了。

【选自《人民日报》1979年2月3日】

杭州市上城区关于调整充实居民区
党支部居委会的初步意见①

党的十一届三中全会决定,全党的工作着重点要转移到社会主义现代化建设上来。这是华主席为首的党中央作出的又一个伟大的战略决策。提前实现"四化"是毛主席、周总理的遗愿,是全国人民的根本利益所在,是国际反士兵斗争的需要,也是历史赋予我们的伟大使命。

为使街道里弄的组织机构适应战略转移需要,我们根据区委的指示精神和兄弟街道的经验,结合实际,经街道党委研究,对现有居民区党支部居委会的调整、充实、加强提出以下意见。

一、调整、充实、加强居委会组织是实现全党工作中心战略转移的需要

政治路线确定之后,干部就是决定因素,调整、充实、加强居委会的思想建设和组织建设,关系到贯彻、落实党的十一届三中全会提出的全党工作中心的战略转移,巩固发展安定团结的政治局面,提前实现"四化"。叶副主席在中央工作会议上反复阐明,实现战略转移,一定要有一个好的领导班子。

至于居委会的性质、任务,早在 1954 年第一届全国人大常委会第四次会议通过的《城市居民委员会组织条例》中就作了明确的规定。居民委员会是群众自治性的居民组织,它的任务是:(1)办理有关居民的公共福利事项;(2)反映居民的意见和要求;(3)动员居民响应政府并遵守法律;(4)领导群众性的治安保卫工作;(5)调解居民间的纠纷。这个任务是十分艰巨而光荣的,特别是在当前向四个现代化进军的过程中,组织好人民生活,为广大职工群众创造良好的生产、工作、学习和生活环境,这是全党的大事,也是我们街道、居委会的重要任务。要完成居委会的各项任务,必须有一个好的领导班子。但目前,就居民干部现状来看,《城市居民委员会组织条例》规定,居民委员会每届任期一年,而我们街道已经有好几年没有改选了。我街道 15 个居民区有居民干部

---

① 原文标题为《关于调整充实居民区党支部居委会的初步意见》。

559 人,其中党员 31 人,退休工人 346 人,劳动人民 213 人。① 这支居民干部队伍总的情况是好的。多年来,我们的干部在街道党委的领导下,勤勤恳恳,任劳任怨,在历次政治运动和对敌斗争中,维护社会治安,调解居民纠纷,输送青年就业,动员知青上山下乡,在加强青少年教育,搞好民政优抚、爱国卫生和计划生育、爱国储蓄,开办生产、生活服务企业等方面做了大量工作。但由于主客观原因,目前这支队伍同实现新时期总任务,贯彻好城市改革方针的要求还不适应,主要问题有:一是队伍不齐。15 个居委会中,有 5 个居委会六大主任不全,有 4 个居委会主任,1 个已迁居,2 个长期患病不能起床,1 个已死亡。二是队伍不力,年老体弱。我街道现有 85 个六大主任,其中 51～60 岁的 20 人,61～70 岁的 39 人,71～80 岁的 25 人,大于 80 岁的 1 人,有的已挂职多年不工作了,有的兼职忙不过来,有的忙于在居民区办生产、生活服务企业,用于居民区其他各项事务的时间就更少了。这就说明,无论从实现新时期的总任务出发,还是从居民干部现状来看,对居民区领导班子进行调整、充实、加强是完全必要的。

二、调整、充实居民区组织要掌握的几个问题

党支部,居委会的调整、充实是一件大事,也是当前街道居民区的一项重要任务。我们一定要在街道党委和居民区党支部的领导下明确整顿工作的重要性、必要性和迫切性,克服与己无关和换班的思想,有的人认为居民区人员分散,情况复杂,婆婆妈妈的事情多,工作难开展,不愿从事工作。有的干部担任工作已多年,自己也愿意继续再干几年,担心落选。应当树立"一不推托,二不争,全心全意为革命"的主人翁态度,严肃认真地把居民区领导班子选好。

(一)组织形式

1.居委会建立党支部。凡能建立居委会党支部的即建立居委会支部,没有条件单独建立的,建立联合支部。根据党员数,3 至 5 人设支书,6 至 9 人设正副支书,10 人以上设支委会,改变现有的以片建立党支部的状态,以更好地发挥党支部的战斗堡垒作用和党员的先锋模范作用。

2.现有居委会建制形式不变。按照全国人大通过的《城市居民委员会组织条例》的规定,居委会仍设六大主任,五个工作委员会(即治保、调解、卫生、

---

① 　此处党员、退休工人、劳动人民的人员可能有重叠,不能简单加总。——编者注

民政福利、妇女),但组织人员力求精干,居委会以 7 至 9 人为宜,工作委员会以 3 至 5 人为宜,居委会成员兼任行政小组组长。

(二)调整、充实原则

在调整、充实、加强居民区领导班子的时候,我们要坚持以下四条原则:

1. 坚持以思想建设为主,组织调整为辅。

2. 根据"既要保持各级领导班子的相对稳定性又要在加速社会主义现代化建设的伟大斗争中,不断地加强各级领导班子的改进和建设"的精神,坚持以现有班子中能胜任的人员为主,适当调整、充实。

3. 以叶帅、邓小平同志为人民造福为标准选拔干部,调整、充实的来源,坚持以党员、退休工人为主。

4. 在调整过程中,对 5 个工作委员会的分工做到统筹兼顾,适当安排,尽量少兼职或不兼职。

(三)方法、步骤

第一步:调查摸底、听取意见(3 月 25 日前)。

主要依靠现有居委会干部,召开不同类型的座谈会。

1. 现有居民区干部状况:包括现有干部数、自然落选数、继续胜任数、需要调整数。

2. 调整、充实干部的来源:包括现有党员、退休工人,根据条件能充实者。

3. 干部、群众目前对调整、充实的想法及建设性的意见和建议。

通过上述工作,对居委会干部的人员思想现状,干部调整、充实力量的来源,做到心中有数。

第二步:培训骨干,建立党支部,选好居委会候选名单,主要提六大主任(4 月 1 日前)。

党支部由党委统一组织建制。组织全体党员先后学习新党章中有关党的性质、组织原则、支部的战斗堡垒作用等内容。进行思想发动,提高认识,端正态度,明确调整、充实的重要性、必要性和迫切性。然后,根据居民区的不同情况,分别建立党支部。在此同时,召开全街道居委会干部大会,由党委进行调整、充实的思想动员,明确意义、端正态度,同时发挥党支部的作用。根据热心于居民工作、有一定能力、有群众基础等条件,研究内定居委会候选人名单。

第三步:发动群众,民主选举,张榜公布(4 月 8 日前)。

首先,以居委会召开群众大会,进行思想发动,明确调整、充实居民区干部的重要性,树立主人翁志愿;其次,现有居委会向群众报告工作,并提出居委会候选人名单;最后,群众无记名投票报街道党委批准,由本居民区张榜公布。

要求:调整、充实后的干部队伍基本上做到领导群众,居民干部本人满意,同时做好调整和落选干部的思想工作,使他们心情舒畅,协助居委会共同搞好居民工作。

第四步:业务培训,增强战斗力。

为提高居民区干部的工作能力和业务水平,对治安保卫、调解、妇女、民政福利、卫生5个工作委员会,安排一定的时间进行业务培训,学习有关业务知识,请区有关部门负责同志上业务课,讲各工作委员会的性质、任务、工作方法和要求,为今后更好地开展工作打下良好的基础。

党支部、居委会的调整、充实是一件大事,也是当前街道的一项重要任务,在街道党委的领导下,街道和派出所集中力量、集中精力、集中时间、全力以赴、分工负责、落实到人,把这一工作搞好,街道党委组织街道派出所5~6人成立新居民区,在这次调整、充实居委会中先走一步。

在整个调整、充实的过程中,要始终贯彻党的十一届三中全会提出的安定、团结、稳定局势,解放思想,鼓足干劲,加快社会主义现代化建设,要充分发挥党支部的战斗堡垒作用和共产党员的先锋模范作用。要紧紧依靠现有居民区干部的力量,要坚持民主集中制,发扬党的实事求是,群众路线的优良传统;调动一切积极因素,真正把街道工作的着重点和广大居民干部的注意力集中到"四化"建设上来,创"六好"居民区,树"十帮"社会新风尚,搞好各项居民工作,以巩固发展安定、团结的政治局面,为提前实现"四化"做出贡献。

街道党委

1979 年 3 月 13 日

【由杭州市上城区档案馆提供】

益阳市汽车路办事处红卫路居委会
办街道图书室^①

我们居委会地处益阳市河北大街中部,有 12 个居民小组,694 户,1778 人。所辖地区有旅社、医院、商店等 22 个单位,是我市比较热闹的地段。

在街道党组织的领导下,我们居委会在 1973 年办起了图书室。现有各种图书、杂志 2061 册,连环画 2878 本,报纸 11 种。图书管理员由 2 人逐步增加到 6 人。七年来,总共接待读者 1373283 人次,总共收入 12531 元 2 角 7 分。仅今年元月至 7 月的图书租金,就达 2035 元 7 角 6 分,除每月开支 160 元 5 角用于支付图书管理员工资和添置必需用品购书费用外,还结余 212 元 3 角 4 分。现在我们总共结余资金 1769 元 5 分,做到了以书养室,自给有余。

我们是怎样办街道图书室的呢?

首先,我们切实加强了对图书室的组织管理,明确一名副主任主管,指定共产党员、退休老工人王冬保同志具体负责,把图书管理员纳入街道企业编制,按生产职工对待,发给工资。图书租金由居委会统一安排,除管理员工资开支外,主要用于添置图书,开展活动。

其次,精打细算,自力更生,以书养室。图书室是社会主义的宣传教育阵地,不能单纯地追求经济收入。但是,目前公家没有这笔经费,只能采取精打细算、以书养室的办法,使图书室的租金收入基本上自给自足。我们在广泛征求群众意见的基础上,建立严格的财产登记和租书财务制度,规定借出图书室的文艺书籍,每本每天收费 3 分,杂志每本收费 2 分;室内借阅连环画,每本收费 1 分;其他政治和科技书籍则免费借阅。为了满足广大群众的读书要求,我们广辟书源,充分利用居民的社会关系,分别在长沙、武汉、北京等地建立购书联系点,同时还委托外单位采购员代购,买了不少外地出版的新书。新书买回,图书管理员及时用牛皮纸将书包好,以延长使用寿命。图书室还经常盘库,将一些陈旧书和复本太多的书及时处理掉,做到底子清、计划细,提高资金

---

① 原文标题为《我们是怎样办街道图书室的》。

的周转率。与此同时,图书管理员厉行勤俭节约,尽量节省开支,图书室的桌子、椅子等用具坏了,自己动手修,房屋坏了,自己动手修。有一次,图书室要换一块招牌,如果到外单位加工,要花4元5角,图书管理员王冬保同志请人写好字,自己刷油漆,没花多少钱就换了块新招牌。

再次,在开展图书活动方面,七年来,我们以图书室为阵地,经常开展新书介绍、图书评论、剪报、诗歌朗诵、讲故事和举办墙报、小型图书展览、节日灯谜晚会等小型多样的活动,培养了群众的读书兴趣,活跃了群众文化生活。

我们从1976年开始办街头墙报,很受群众喜爱。墙报运用画刊、图片、评论、新闻简介、少年园地、小说连载、科技问题思考、科学家人物介绍等多种形式,宣传党的政策,传播科学文化知识,深受群众欢迎。我们的墙报,不仅本市读者投稿,连外地旅客也积极投稿。至今,墙报已办了96期,我们举办的节日灯谜晚会,每次的观众都达千人以上。

根据街道婆婆姥姥缺少文化的特点,图书室组织了有图书管理员参加的六人故事小组,经常把报刊上登载的新人新事编成故事,在街头巷尾讲,并先后被市航运公司、市链条厂等单位邀请去讲。最近,为配合向自卫还击英雄学习的活动,故事小组改编出了《董存瑞式的战斗英雄李成文》。

为了满足青少年的要求,图书室订购了《红领巾》《少年文艺》《儿童文学》《中国青年》等9种期刊。同时,大力组织中小学生假期读书活动,每逢学校放假,图书室将居委会6个片的中小学生分别组成4个读书小组,挑选有关书籍分到各个小组,免费供其轮流借阅。此外,图书室还为少年儿童开辟"学习园地",组织他们开展唱儿歌、讲故事等活动,使他们的假期生活过得丰富多彩。

最后,在充分利用书刊,方便群众,积极为"四化"建设服务方面,我们图书室所面对的广大读者有一般街道居民、社会青年、中小学生、旅客和单位工作人员等。为了满足他们的需要,必须给他们提供多种方便。我们的做法是:

1. 延长开放时间。原来图书室只在白天上班时间开放,现在把管理人员分成两班,从上午6点多一直开放到晚上9点。遇上特殊情况,随到随借。

2. 坚持送书上门。图书室经常为住院病人、老弱病残的居民和旅客送书报上门。有一次,市建筑公司一位工人因公负伤,在医院住了很久,感到苦恼。图书室了解到这一情况后,主动将《工人阶级的先锋战士——王进喜》一书送给他看。他深受教育,决心向"铁人"学习,与疾病作斗争,后来他提早出院,重返工作岗位。有一些长期住在旅社的旅客,读到我们送去的书籍和学习资料后,非常感激地说:"我们这些人远离组织,很少参加政治学习,你们送书上门,给我们补上了这一课。我们一定努力工作,更好地为'四化'做贡献。"

3.为读者寻找资料。邮电局有个职工,患胃溃疡多年,他来到图书室想寻找治病的单方。图书管理员帮他从《大众医学》上找到了"九天疗法",从而治好了他的病。后来,益阳县迎丰桥公社、桃江县株木潭公社等地一些社员也先后通过我们的介绍,用"九天疗法"治好了胃溃疡。

4.尽力为生产科研服务。为适应党的工作重点的转移,更好地发挥图书资料在"四化"中的作用,除加强科技书刊的采购外,还派管理员先后深入县邮电局、市木器社、市变压器厂等单位调查研究,了解他们对图书资料的需要,并及时从市图书馆借来他们所需要的《晶体管载波及其原理》《摩托修理》《农村电话技术》《木材水处理》等书,给他们送去,不收租金,对技术革新工作起了一定的作用。如《木材水处理》一书,对市木器社贮存木材和提高木器质量,都有很大的帮助。

【选自《图书馆工作》1979 年 2 期 1979 年 3 月 22 日】

杭州市上城区横河街道关于划分居民区的报告^①

为使居民委员组织领导适应社会主义四个现代化发展,根据中共杭州市委〔1979〕11 号文件"关于居民区若干问题"的精神,进一步加强居民委员会组织建设。结合本街道实际状况,随着城市建设的迅猛发展,尤其是新开河居民区由原来的 550 户增加到 1060 户,大学路居民区由原来的 500 户增加到 950 户,这两个居民区继续建造居民住宅余地较大。鉴于上述两个居民区的现状,为了方便群众,便于管理,经街道党委研究决定,将这两个居民区划分为四个居民区。具体名称考虑到历史和现状,决定以新开河南侧为老浙大居民委员会,北侧为原来的新开河居民委员会。大学路居民区东侧为新的反修居民委员会,西侧为大学路居民委员会。具体划分地形图表附后。划分后,户数与地形大致相适应,可稳定一个时期,划分居民委员会组织建设正在积极准备中,条件基本具备。为此特报告,希审批为要。

此致

上城区委

横河街道革委会

1979 年 3 月 31 日

---

① 原文标题为《关于划分居民区的报告》。

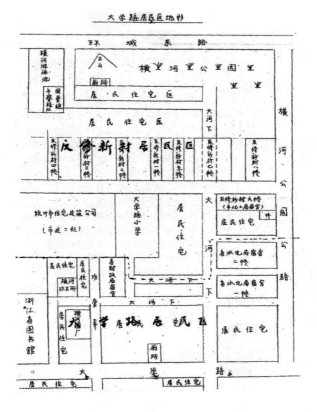

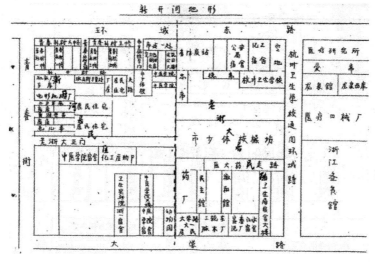

【由杭州市上城区档案馆提供】

关于杭州市江干区闸口街道甘水巷等
13个居民区建立9个党支部的报告①

中共江干区委组织部：

　　在贯彻落实党的十一届三中全会的精神,进一步巩固发展安定、团结的大好形势,完成新时期的总任务,提前完成"四化"的过程中,为了充分发挥党支部的战斗堡垒和共产党员的先锋模范作用,经民主选举,党委研究决定,13个居民区分别建立9个党支部：

　　中共甘水巷居民区支部委员会：支部书记,沈银生；组织委员,裘传高；宣传委员,陈学文。

　　中共水汀桥居民区支部委员会：支部副书记,王凤仙。

　　中共八卦田居民区支部委员会：支部书记：任伯泉；组织委员,陈泉根；宣传委员,范松林。

　　中共海月新村居民区支部委员会：支部书记,蒋夏全；组织委员,卢阿四；宣传委员,方春妹。

　　中共山南居民区支部委员会：支部书记,吴阿定。

　　中共小桥、涵婆桥居民区联合支部委员会：支部书记,周振甫；组织委员,沈梅生；宣传委员,陈阿王。

　　中共化仙桥、复兴街居民区联合支部委员会：支部书记,钱海龙；组织委员,郑阿兰；宣传委员,俞素贞。

　　中共景余、海月桥居民区联合支部委员会：支部书记,郭竹英；组织委员,刘振源；宣传委员,何庚生。

　　中共紫万、洋泮桥居民区联合支部委员会：支部书记,朱茹发。

　　现报你部,望审核批复。

中共闸口街道委员会
1979 年 4 月 5 日

---

　　①　原文标题为《关于甘水巷等十三个居民区建立九个党支部的报告》。

石家庄市桥东区委为社会青少年办红专夜校

去年 10 月,石家庄市桥东区委为广大社会青少年专门办起了一所红专夜校。600 多名没有考上大中专学校的初高中毕业生和等待分配工作的知识青年,分别在 7 个初中班、1 个高中班学习。

为了给这批闲散在社会上的青少年创造学习条件,引导他们健康地成长,桥东区委 1 名副书记挂帅,由区工会、团委、教育局等单位各抽 1 名负责人担任正副校长,组成夜校领导小组。区委动员全区各行各业积极支持这项工作。各办事处、街道居民委员会为夜校推荐和选拔学生,区工会、教育局解决经费问题。区里组织人力检修校舍门窗桌凳,安装电灯和取暖设备。夜校的 31 名任课教师是从几所中学聘请的,大多教学经验丰富,责任心强。

学校除设置初中、高中的政治,语文,物理,几何,代数,外语等课程外,还根据这些青少年的特点,专门安排有关部门讲"民主与法制"课,校内还开展了"学雷锋,树新风"活动。

红专夜校开办半年来,这些青少年的精神面貌发生了很大的变化。群众和家长高兴地说:"孩子们的心收回来了,好像变成了一个新人。"过去那种打架骂人、吸烟、闹事的坏作风转变了。

最近,桥东区委决定,推荐那些思想好、学习好的优秀学生报考大中专学校或升入高中。劳动调配所根据工作需要,将有计划地提前安排优秀学生就业,夜校仍保留学籍。

【选自《人民日报》1979 年 5 月 4 日】

中共天津市河东区委为街道积极分子落实政策①

　　中共天津市河东区委本着对党、对人民群众负责的精神,为遭受林彪、"四人帮"迫害的不脱产的街道工作积极分子落实政策。除1名尚未复查完毕外,其余175名同志都得到了平反昭雪。

　　在落实政策时,有少数同志认为,街道积极分子没有找过哪个部门要求落实政策,何必自找麻烦,弄不好,收不了场。区委组织各街党委的同志认真学习党中央的有关指示,使大家认识到,无论是脱产干部,还是不脱产干部,都是党的干部,党组织一定要关心、爱护他们,主动为他们落实政策。上下思想统一了,从区委到街党委、居委会党支部,都加强了对落实街道积极分子政策工作的领导,区委落实政策办公室设专人抓这项工作。全区九个街,都在街党委统一领导下,由街党委书记、公安派出所所长等组成领导小组,积极开展工作。在调查摸底的基础上,逐人复查。有一名街道积极分子,前几年因有人说他家庭出身是资本家,本人继承了财产而被揪斗。为了弄清事实真相,街党委组织力量,找有关民警和四五个代表了解情况,又与本人谈话,终于查清了他的家庭出身不是资本家。受到诬陷、打击的街道积极分子的问题解决后,各街党委召开各种会议,当众宣布平反昭雪。他们的子女亲属中受株连的,由组织上发出证明材料,消除影响。

　　经过认真落实政策,广大街道积极分子的积极性被调动了起来。他们受到很大鼓舞,重新振作精神,积极参加街道工作,主动维护社会治安,整顿环境卫生,慰问军烈属,推动计划生育,调解群众纠纷。

【选自《人民日报》1979年5月12日】

---

　　①　原文标题为《中共天津市河东区委认真负责　为街道积极分子落实政策》。

福州、漳州两市的两个街道依靠群众大办生产服务业^①

福州市安泰街道和漳州市解放街道广开就业门路,大办城镇街道生产服务业,做到了"人人有事做、街道无闲人"。福建省委第一书记廖志高同志在最近全省地市委书记和省部委办负责干部的会议上,表扬这两个街道的工作时说,省内所有城市街道都应该这样办,这对安置就业,为社会创造财富,促进安定团结的社会环境,都大有好处。

福州市安泰街道陆续安排待业人员 2700 人,先后建立了补桶、补锅、补伞、修鞋、锁边、缝补等 19 个服务项目,还办了 4 个托儿所、1 个中心食堂、6 个炖饭点、2 个挑煤站、6 个医疗站。漳州市解放街道办起了小集体的纸盒、皮革、石粉、烟纸、文教用品、车木、砖瓦、制香、蒸笼、五金 10 个厂、组,开设了百货、饮食 2 个店,共安置了 449 人,去年总产值 41 万元。

廖志高同志说,这两个街道的经验说明,依靠群众,大办街道小集体,潜力很大,应该大力推广。全民所有制企业固然是国家的重点和骨干,但按我们国家的具体情况,不能重全民、轻集体,只想搞大的企业,看不起集体所有制的街道小企业、小单位。国务院民政部和国家劳动总局负责同志在实地看了上述两个典型单位后,也表示赞赏。

【选自《人民日报》1979 年 5 月 30 日】

---

① 　原文标题为《福州漳州两个街道依靠群众　广开就业门路　大办生产服务业》。

杭州市兴办集体所有制街道旅馆①

　　杭州市从今年 3 月以来,兴办了 30 多个集体所有制的街道旅馆,使全市旅馆床位增加了 2000 个左右。这样做,既可以帮助解决城市旅馆严重不足的老大难问题,又安置了近 300 名城市待业人员。到目前为止,这些街道旅馆已接待了三四万人次,受到各地旅客的赞扬。目前,还有几百张床位的街道旅馆已大体筹备就绪,即将陆续开业。

　　杭州是国内外闻名的游览胜地,每年春秋两季,旅客流量很大,旅馆床位十分紧张。有些国内旅客来到杭州没有地方住,只好夜宿车站、码头。中共杭州市委和市革委会为了解决这个问题,在加速新建国营旅馆和挖掘现有旅馆潜力的同时,大胆发动街道组织闲散劳力和待业青年兴办集体所有制的旅馆。街道开办旅馆都是自筹资金,自己搭盖房屋,或是借用居民旧房,没花国家一分钱投资。街道旅馆除将按规定交税外,收入归集体所有。

　　这些街道旅馆虽然居住条件较差些,但是清洁卫生,服务周到热情,很受旅客欢迎。记者参观了下城区天水街道狮虎桥客栈。客栈负责人介绍说,这家客栈原来是街道"五七"加工组的一个旧车间。床铺、被褥大部分是自己动手做的,总共才花了 1 万多元钱。这个客栈的服务、管理人员共有 16 名,大部分是街道待业青年。热情的服务员告诉记者,她们这家客栈是和苏州至杭州的班轮挂钩的,旅客可以在苏州预定床位,到这里后,不必像以前那样,一下轮船,就要为找旅馆而奔波。

　　据记者了解,不少街道旅馆为了方便旅客,还附设饮食店、小卖部,以及专门照顾老弱病残的特殊床铺,有的还派人到车站码头去接送旅客,或者张贴到街道旅馆去的交通线路示意图,为旅客提供方便。

【选自《人民日报》1979 年 7 月 19 日】

---

　　①　原文标题为《杭州市兴办集体所有制街道旅馆　既方便了各地旅客,又安置了城市待业人员》。

北京市一个街道小厂的调查①

北京体育馆路建新锦缎制品厂是由 3 个"五七"生产组合并起来的街道小厂,现有职工 252 人,生产 140 多种锦缎包,畅销美国、日本等 15 个国家。

这个厂虽然小,生产发展却很快。近两年,生产指标一升再升。1978 年总收入比 1977 年增长 66%,利润增长 114%。今年上半年总收入比去年同期增长 59%,利润增长 152%。

这个集体所有制的企业经营得好,收入增多,职工的工资收入和集体福利也应该相应增多。但是在这个问题上曾碰到过不少阻力。去年第一季度,他们实行"月检查,季评比",谁优胜了,发个纸做的流动小红旗,对生产促进不大。后来,厂里买些洗脸盆作为奖励,东西虽说不多,却给大家鼓了劲。党支部从这件事中体会到,精神鼓励要同物质奖励结合起来。他们这时想搞超产奖,但街道办事处的业务部门不同意:"不行,不行,你们集体所有制的小厂,不能拿那么多钱!"支部书记史胜女同志说:"难道集体企业就不能多劳多得?"去年 5 月份她为了摸索经验,同厂里的干部到二车间搞试点。经过 5 月和 6 月两个月的细致工作,取得了经验,7 月份在全厂推广。他们规定超产奖提成为 20%。就是说,生产多收入 100 元,个人得 20 元,国家和集体得 80 元。这样,对国家、集体、个人三者都有利。这种奖励办法十分明显地推动了生产,去年一年的利润是 83200 多元,今年上半年就已经达到 74590 多元。

随着生产的发展、收入的增加、积累的增多,这个厂又打破原来规定每人每月平均奖不超过 5 元的框框,实行多超多奖。一车间三班,今年 2 月份超产 714 元,得奖 107 元,每人平均 5 元 9 分。5 月份超产 2040 元,得奖 306 元,每人平均 15 元 3 角。谁创造的财富多,谁得的报酬就多。这一下,工人劲头更足,互相赛着干。早上七点半上班,七点钟人就到齐了。5 月份,全厂总收入比 4 月份增长 2400 元,费用下降 1100 元,利润增加 3400 元。他们根据定额,使超产提成奖增加了 600 元,每个职工平均得奖金达到 10 元。工人的工资加

---

① 原文标题为《集体厂可以超过全民厂——一个街道小厂的调查》。

奖金,最高的已由过去的 36 元增加到 50 多元。当锦缎厂把这个月的报表送到街道办事处业务部门审批时,街道却不给盖章,理由是:"按以前的规定,街道厂平均工资不能超过 31 元,奖金不能超过工资的 11％","你们不能和国营厂比,你们拿钱太多了,还没有这样一个先例"。工人和干部们听了很生气,向他们提出:"集体厂和全民厂都是社会主义企业,为何两样对待?"

街道办事处党委积极支持锦缎厂的做法,几次专门开会研究,认为这个厂的做法是对的,应该支持。他们出面说服主管业务的同志盖章,批准了他们送来的报表。

事实最有说服力。锦缎厂的做法有利于调动工人、干部大干社会主义的积极性,有利于扩大再生产,使街道企业越办越兴旺。现在,这个厂有固定资产 18900 多元,银行存款 85100 多元。开始办厂时是借人家的房子,现在自建的厂房已有 65 间。厂里机器也由原来的 18 台增加到 100 多台。厂里积累资金多了,也为办其他事业广开了门路。现在不仅有生产锦缎包的车间,又根据街道的实际需要,增加了一个包装中药的车间,还设立了废品收购站、服务站、食堂、医疗站等。最近,在街道居委会的领导下,又成立了生产服务合作社,使 50 多名待业青年有了事干。例如,新开张的小酒馆,是由 4 个小青年办的。他们服务态度好,群众感到很方便。

街道企业生产了国营企业没有生产的许多东西,有的还开办了很受居民欢迎的服务行业。这就使他们的工作有群众基础,有广阔前途。

【选自《人民日报》1979 年 7 月 20 日】

福州市群众自建一批住房①

福建省福州市今年以来鼓励群众自己投资、投料、投工修建住房,初见成效。到目前为止,群众自己修建的住房已经竣工 443 间,面积达 8000 多平方米。尚有 6000 多户居民准备申请自己修建住房,面积约 36.6 万余平方米。

福州市群众自己修建住房,大体有两种类型。第一种是居住在公房的缺房户,自己投资、投料、投工修建。只要木料等材料来源正当,房管部门就按国家规定的价格计款,所花工时也按国家标准算钱。群众所投的工、料等费用,可抵交房租。住房建成后,产权仍归房管部门。这叫"公办民助"。第二种是缺房户在自己住房(私产)的基础上修建,房管部门给他们提供一些"三材"。这叫"民办公助"。住房建成后,产权仍归私人所有,如经批准动用国家地皮的,则需交纳地租。

该市群众自己修建住房,主要形式有:(1)改建。将纯木结构的旧房改建为砖木结构住房。(2)加层。有的老式房子高 6 米,就在中间加铺一层地板;有的房子原是平房,但地基比较牢固,就加盖一层,变成两层楼房。(3)截堵。有些住房的厅堂较大,就在中间打隔断,变成住房。(4)扩建。有些住房周围有小空地,就利用原有墙基,在边上加盖房子。(5)新建。在房管部门批准使用的地基上盖新房。

福州是一座中等城市,市区居民约 11 万户。由于林彪、"四人帮"长期干扰破坏,十多年来民房拆的多、建的少,人口不断增加,群众住房面积越来越小。城市人口平均住房面积由 6.7 平方米下降到 3.28 平方米,全市出现了34000 多户缺房户。如光靠国家建新村,按目前 1 年建成 10 万平方米的水平,至少要 10 年时间才能解决住房紧张问题。如要达到每个城市人口平均住房面积 5 平方米的水平,则需要二三十年时间。怎样才能尽快解决居民住房紧张问题?市委主要领导同志深入街道进行典型调查,发现街道群众通过改建、扩建、加层等办法,解决了不少户住房紧张的问题。经市委和有关部门讨论,

---

① 　原文标题为《领导同志深入街道调查撤销"禁令"　福州市群众自建一批住房》。

决定撤销不许群众自己修建住房的"禁令",并由各街道具体负责群众修建住房的领导、组织工作。同时,还明确规定:(1)群众自己修建住房,首先提出申请,在居委会评议后,交街道研究。街道根据群众意见,分别①轻重缓急,上报区里审批。区里审批时,区房管、建设、消防部门派人参加。(2)批准修建的原则是,申请人确是无房户或缺房户,自己又有一定数量的材料和资金。修建的住房要符合"六不"要求,即住房不在市区主干道上,不影响近期城市建设规划,不妨碍消防队救火,不阻碍交通、堵塞河道,不影响市容、卫生,不影响附近房子通风、采光。还宣布:过去无房户、缺房户修建的住房,凡符合上述"六不"要求的,补发建筑执照,承认其合法性。(3)群众自己修建住房,主要是为了解决当前的困难问题,因此一般不搞钢筋水泥之类的永久性建筑。同时要服从城市建设总体规划,假如国家需要,应及时拆迁。为了鼓励群众自己修建住房,福州市准备在各区成立群众住房营建公司。

【选自《人民日报》1979 年 7 月 25 日】

---

① 分别:分辨。——编者注

上海市闸北区街道服务站为方便群众
扩大服务项目改进服务方法

最近，在上海市闸北区经常可以看到新就业的青年们，推着小车，蹬着三轮车，带着缝纫机、拷边机和各种修理工具，走街串巷，活跃在车站、码头、工厂、里弄和市郊农村生产队。

海宁街道图南服务站的一个服务小组在上海铁路局列车员宿舍门前设摊，来自各地的列车员到摊上来修配旧铝锅，一般都能做到在列车员离开上海前交货。宝山街道服务站派出小组到码头服务，他们把缝纫机搬上万吨轮，为海员缝补衣服，为轮船缝补油布。彭浦新村综合服务站服务组，在公社社员中午回家休息时间，为社员修补汗衫、棉毛衫、换衣领。

闸北区 43 个街道服务站的 128 个门市部，还采取增设班次、轮班服务、提早和延长服务时间等办法，减少了顾客排队的现象。现在，这个区大多数服务站的服务时间由原来的每天 8 小时延长到 12 小时，有的达 18 个小时。

由于扩大了服务项目，改善了服务方法，闸北区街道服务站今年以来收入月月增加。上半年总收入为 75.2 万多元，除去工资和其他一切开支，服务站的积累比去年同期增加 56％。

【选自《人民日报》1979 年 7 月 29 日】

中国人民银行浙江省分行决定
对城镇和街道集体所有制企业开放贷款

最近,中国人民银行浙江省分行决定对城镇、街道集体所有制企业开放贷款。凡是工商行政管理部门发给执照、有一定的自筹资金、实行独立核算的单位,都可以在银行开立户头,直接在银行办理现金存取和贷款结算。此外,还决定城镇、街道办的集体所有制工业企业,凡是产品适销对路、质量好、有盈利的,除了原材料集中到货或临时性资金周转有困难的,可由银行给予生产贷款外,在增添机器设备缺少资金时,也可给予小型设备贷款。

浙江省分行还改变了过去不给生产合作小组、劳动服务组织、街道服务事业贷款的做法。

【选自《人民日报》1979 年 8 月 6 日】

合肥市东风街道广开门路办集体所有制企业^①

安徽省合肥市东风街道依靠群众，广开门路，大办集体所有制企业，安排待业人员就业。全街道93％的社会闲散劳动力和待业青年得到安置，基本上做到了"人人有事做，户户无闲人"。

东风街道地处闹市，住户集中，人口稠密。几年来，除国家招工、招生、退休职工子女顶替等安排了300多人就业外，尚有待业人员870多人，其中待业青年450多人。这些待业人员思想不安定，带来社会秩序的不安定。街道一度出现吵嘴打架多、游手好闲多、聚众闹事多、不务正业多、伸手要救济多的"五多"现象。街道干部成了"消防队"，整天跑东巷、串西巷，忙得团团转。为了解决这个问题，街道党支部作出了安置社会待业人员就业的决定。根据待业人员家庭生活好坏、文化程度高低和体力强弱，登记排队，分别轻重缓急，全面安置。做到人尽其才，各得其所。他们的具体做法是：

1.充分挖掘街道现有企业的潜力。街道现有一个机电修配厂，原来主要业务是承担来料加工，现已发展到生产高低压开关柜、修理各种电机、电器设备和从事各种小五金修配，安排待业人员80人，其中待业青年30余人。街道原有一个描图组，很快由单一描图发展到晒图和生产晒图纸等多项业务，现已改名晒图纸厂，日产晒图纸9900多卷，不仅供应本市，还远销到山东、河北、沈阳、天津、武汉等全国十多个省、市。

2.因地制宜，见缝插针，开辟各种生产、生活服务事业。将街道一些优抚对象组织起来，同时吸收一部分待业青年参加，共同办起一个综合服务厂。经营的项目有加工各种纸箱、纸袋、印刷、炉胆、二进风炉子、清洗旧麻袋等，1978年产值达38万元。另外，还办起了木器加工、缝纫修配等十多个行业、既方便了群众生活，又增加了人员安置。

东风街道由于坚持自力更生安置待业人员，街道集体生产服务事业日益壮大。生产和服务事业的发展，带来了街道居民职工生活的普遍改善，平均每

---

① 原文标题为《就业搞得好 街道气象新 合肥市东风街道广开门路办集体所有制企业》。

人每月工资达到了 32 元。街道上一些没有完全丧失劳动能力、过去长期依赖国家救济维持生活的困难户,以及盲、聋、哑病残者,都成为自食其力的劳动者。街道普遍出现了新的"五多",即团结互助多、埋头苦干多、助人为乐多、热爱集体多、拾金不昧多。

【选自《人民日报》1979 年 8 月 13 日】

杭州市商业部门贯彻浙江省委和
省革委会发展城镇街道集体企事业的规定①

　　从去年下半年以来,杭州市城区的街道居民区先后兴办了 113 家百货、烟糖代销店,146 家饮食点心店,18 家(共有 1400 多张床位)旅馆。在这期间,安置了 2000 多名待业人员,群众拍手叫好。可是一些国营商业部门自己不干,也不让别人干,在布点、货源上对集体企业加以限制。

　　前几年,杭州市旅客住宿非常困难,许多旅客不得不露宿街头、车站、码头。为了解决"住宿难"的问题,一些街道居民区因陋就简办了许多小旅馆、招待所。但杭州市服务公司的干部却进行阻挠。最近,勇进街道开设了一家食堂,买了一台制冷机,准备供应冷饮。但因为附近有一家杭州市第二商业局所属的冷饮店,市第二商业局的干部就坚持不让这家街道食堂经营冷饮。虽经街道再三恳求,二商局的干部只同意他们出售三分钱一暖壶的冰水。在杭州市青年路口,有一处菜摊,除了早上卖菜,下午和晚上都空着。青年路居民区就利用菜摊的棚子,办起了一家馄饨铺,专门供应夜餐。可是经营了 2 个月,却受到市有关商业部门的无理阻挠,不让他们设点。最后,青年路居民区只得忍痛撤点,刚买的碗碟也只好拍卖了。

　　集体商店的货源一般都是由国营批发部门提供,在分配货源时,国营批发部门经常只给滞销商品,不给或少给畅销商品。今年杭州杨梅货源充足,但国营果品店一直不分配给代销店。直到杨梅大量上市,国营果品店实在卖不出去了,才允许代销。可是有些杨梅因受雨淋,代销店只得削价处理,经济上受到损失。最近,西瓜上市,国营商店门前排长队,而集体商店多次要货也不给。

　　据记者了解,国营商业之所以歧视集体商店,主要原因是没有把集体商店看成是社会主义商业的一部分,按几十年来的老习惯,用过去对待私营商店的条条框框来对待集体商店。因此,他们不是按照群众的需要和集体商店

―――――――――――

　　①　原文标题为《国营商业不该限制集体商店　杭州市商业部门正在改变做法,贯彻浙江省委和省革委会发展城镇街道集体企事业的规定》。

的经营可能来确定其经营范围,安排货源,而是根据集体商店的人数和最低工资标准核定"保本营业额"。由于对集体商店采取了"吃不饱,饿不死"的政策,集体商店的收入较低。6月份,全市集体商店的职工平均工资仅为 26元 7 角 8 分。

一些国营商业之所以歧视集体商店,另一个原因是集体商店打击了"官商"作风。集体办的点心店、饮食店,很注意方便群众,改进服务方法,一般都是早开门,晚关门,供应高峰时,还派人沿街设摊叫卖,生意做得很活,顾客愿意到这些商店去。在这种情况下,有的国营饮食店开始注意改进服务态度,延长营业时间,增加新的品种,来扭转被动局面。但是许多国营商店还没有这样做,光是埋怨集体商店抢了他们的生意,采取各种办法,对集体商店进行非难和阻挠。

在浙江省革委会发布了《关于发展城镇街道集体所有制企事业的规定》,省委第一书记铁瑛发表了关于发展城镇街道企事业的讲话后,杭州市商业部门正研究采取措施,贯彻执行省委和省革委会的方针、规定,扶持集体所有制商业网点的发展。

【选自《人民日报》1979 年 8 月 20 日】

杭州市上城区诚仁里居民区
关于计划生育工作的报告材料①

各位领导、各位同志：

在党的十一届三中全会精神指引下,认真搞好国民经济的调整、改革、整顿、提高,把它逐步纳入持久的按比例的高速度发展的轨道。这是把工作的着重点转移到社会主义现代化建设上来之后,实现四个现代化的第一场战役。进一步认真做好计划生育工作,控制人口增长,对于加快实现四个现代化,增进整个民族的健康和福利,具有重大的战略意义。华主席在人大五届二次会议的《政府工作报告》中,把它列为发展国民经济的十项主要任务之一。今天,各位领导和同志专门研究讨论这一工作,这是对计划生育的高度重视,对我们来说是莫大的鞭策和鼓舞。现在,我们把诚仁里居民区计划生育工作的情况和粗浅的体会向大家作一简要的汇报。

我们诚仁里居民区有 501 户居民,共 1582 人,其中有育龄妇女 247 人,计划生育工作在区委和清波街道党委的正确领导下,认真贯彻执行中央〔1978〕69 号文件和 36 字方针,取得了一点成绩,收到了良好的效果。在"四五"规划期间,平均出生率为 4.62%,平均人口自然增长率为 -1.70%,1976 年以来,一直稳定在较低的水平上,1978 年出生率为 3.87%,自然增长率为 -60.7%,节育率、措施不育间隔符合率、晚婚率都达到 100%。去年结婚的 7 对夫妇,女的年龄最低是 28 岁,已连续 13 年不生第三胎(最危险的 24 对全男,19 对全女)。去年被评为省的计划生育工作先进集体和区计划生育工作红旗单位。

我们的工作所以能够取得一点成绩,通过长期的实践,有如下的体会：

1. 加强党对计划生育工作的领导。街道党委把计划生育工作列入议事日程,经常研究,统一部署,在上级党委的重视和领导下,通过学习,大家深切地认识到:计划生育工作是毛主席、周总理的一贯教导,是实现四个现代化的重要条件。人口发展和经济发展有着极其密切的关系。我们是实行计划经济的

---

① 原文标题为《学习人口理论,进一步做好计划生育工作》。

国家,要使国民经济持久地按比例地高速度发展,不但要求有计划地发展物质资料的生产,也要求有计划地发展人类自身的生产。控制人口增长,有利于就业的安排,有利于全民族科学文化水平的提高,有利于改善人民的生活,有利于加速资金的积累,当然,也有利于家庭生活的安排,有利于儿童的健康成长,不仅有迫切的现实意义,而且有长远的战略意义。干部群众真正认识到计划生育工作的重要,共同抓紧,做到"五抓",居民委员全面抓等,妇女主任大体抓,治保主任配合抓,居民主任分组抓,一级抓一级,一环扣一环,切实地把工作做好。

2.加强宣传教育,大造社会舆论,实行计划生育,涉及千家万户,必须坚持思想政治教育。我们结合新时期的总任务,大力宣传控制人口增长与四个现代化的关系。宣传晚育少生的人口政策,大造舆论,这里我们不妨简略地算一笔账。去年我们居民区出生率为3.8‰,如果按80万计算少生6个孩子,据估计,大城市抚养一个婴儿到16岁,国家集体家庭负担的抚养费约需6900元。6个孩子41400元,一个居民区一年少生一个孩子就要那么大的数字。整个上城区就是四五百万了。所以计划生育符合国家、集体、个人的利益。我们还认为计划生育宣传对男同志也很重要。如红门局30号的小江同志,原准备26岁时结婚,经过居民区大造舆论,推迟到28岁足岁结婚。婚后推迟三年生孩子,今年第三年,其妇已怀孕,这三年也是一笔账。除了大张旗鼓地宣传外还深入仔细地做思想工作,利用各种机会,针对不同对象反复进行宣传教育。我们还组织了宣传队,这支宣传队自1971年建立以来,九年如一日,一直坚持,平均年龄为63岁,家务重,居住分散,自己能克服各种困难,宣传生育的好人好事和好处。有针对性地帮助解决这样那样的思想问题,为"男尊女卑""传宗接代"的封建思想和"花色品种"的思想斗争。通过学习和广泛宣传,提高广大干部和群众实行晚婚和计划生育的自觉性,按照"晚、少、稀"的要求,落实节育措施的人越来越多。党中央〔1978〕69号文件下达后,我们大力宣传,提倡只生一个孩子,如邵士蓉一个孩子已7岁,准备生第二胎,宣传后,消除了思想顾虑,进行了人工流产,坚决不生第二胎。居民区241个育龄妇女中,现在只有一个孩子的60人,其中孩子已4足岁以上(3个绝育)的47人,占78%。在上级卫生部门的指导和帮助下,切实做好妇幼卫生保健工作,争取做到生一个,活一个,养一个,壮一个,控制人口的数量,提高人口的质量。

3.干部团结战斗,健全组织制度。我们做到突击与经常相结合,规划与措施相结合,深入调查,摸清人口年龄组合,育龄妇女状况,建立一人一卡。在提高自觉的基础上，夫妇双方制订规划，因人制宜，落实各项政策措施，坚持说服教育，把工作做深、彻、细，做到"三在前""四助"（三在前：晚婚教育前、每日访视访在前、工具药物送在前；四助：学习助、口助、脚助、联系助）。干部与干部，干部与群众之间，密切配合，计划生育的访问工作由每个妇女小组长分管，几个干部分段包干负责。见缝插针，随时随地做工作，事事有人抓，有人管，充分发动群众，婆婆奶奶都是我们的宣传员、通讯员，发挥了很大的作用。

　　我们虽做了一些工作，但以上级对我们的要求来说，做得还很不够，与先进地区比较还有很大的差距。我们必须向前看，看到打好四个现代化第一战役的要求，看到我们工作中的缺点和问题，努力改进，不断提高。党中央对控制人口的增长十分重视，决心很大，将要颁布《计划生育法》，规定必要的经济措施、实行有奖有惩为主的政策。陈慕华副总理在人大五届二次会议浙江小组会上的发言中谈到，要尽可能在短时期内使人口自然增长率降低到零，大力推广和普及一胎化。这是必须做到的，只要大家高度重视起来，在区委的正确领导下，共同努力，就能做好。我们一定要认真学习马列主义人口理论，做好计划生育工作，把控制人口增长这一项战略任务，完成得更好，为加快实现四个现代化的步伐做出应有的贡献。由于自己学习得不够，又没有充分准备，以上汇报如有不当之处，请各位领导和同志们批评指正。

杭州市上城区诚仁里居民区　　葛文说

1979 年 8 月 22 日

【由杭州市上城区档案馆提供】

都匀市街道小吃店办得好　　商业部门不该多方限制

　　今年以来,都匀市一些街道为了安排待业人员,先后开办了9家小吃店,加上原来的1家,一共有10家。这些小吃店规模小,营业时间长,服务态度好,清洁卫生,经营着一些传统品种,手艺有独到之处。可是,最近先后有3家小吃店被有关部门下令关了门。另外3家未被承认,正处在停业的边缘。如向阳路二街小吃店经营米粉、米饭、豌豆粉、拼盘零酒,有粮平价,无粮议价。顾客在这里吃小吃,感到可口、方便。今年7月,他们接到有关部门通知,限期在8月15日以前搬家。街道办事处和工商部门的同志说:二街小吃店斜对面有国营东胜饭店,不远又有国营东山饭店,商业部门怕街道小吃店顶了他们的生意。市商业局一位管业务的同志说:"他们在这里卖茶水可以,卖饭、卖小吃,就是和国营竞争!"有的街道小吃店提出,凡是国营饭店经营的,他们不经营,只卖一些别的品种。市商业部门仍然不同意。就是说,这些街道"土饭碗"不能碰国营"铁饭碗"。碰一下"铁饭碗"有什么不好呢? 这些街道小吃店条件比国营差:他们用周转粮票买粮食,搭配的品种不如国营饭店好;买油、盐、酱、醋及其他佐料,只能是零售价,不能按批发价。规定每个小吃店一天供应几斤肉,已经够少的了。有些单位还只能五天供应一次,有时还买不到。有些街道小吃店,还靠在集市上买粮、肉和油搞经营。但是他们不仅能够盈利,养活从业人员,而且服务质量不断受到顾客的称赞。而有的国营饭店,有足够的平价粮、油、肉供应,还争不过人家,甚至亏损。这些国营饭店应从中得到教益。

【选自《人民日报》1979年9月13日】

天津市鸿顺里街道做好生产生活服务工作^①

　　天津市鸿顺里街道干部结合学习五届人大二次会议文件,实事求是地对街道阶级状况和阶级斗争问题进行了分析,一致认为城市街道不是"阶级斗争前哨阵地",而是为生产、生活服务的后方。林彪、"四人帮"横行时强加在鸿顺里街"修正主义黑典型"的帽子,必须摘掉。

　　鸿顺里街道有 13 个居民委员会,居民绝大多数是劳动人民。从 1958 年开始,这个街道组织闲散劳动力陆续兴办街道工厂、托儿所、幼儿园、代销点、修配服务站等,发展了街道生产事业,给职工和居民生活提供了方便,被选为天津市街道组织生产、搞好生活服务的先进单位。党中央、国务院的一些领导同志曾先后来这里视察,对鸿顺里街道兴办工厂和生活服务网点予以表扬和肯定。不少外国朋友也曾来这里参观访问。

　　但是,在林彪、"四人帮"横行时,这个先进街道却蒙受不白之冤,被戴上"修正主义黑典型"的帽子,说这里"阶级斗争复杂""是旧社会残渣余孽集中的场所"。在那些日子里,政治运动接连不断,搞什么"户户是批判的战场""人人做批判家",天天抓"阶级斗争新动向",造成邻居不和,里巷分裂,人心惶惶;全街有 80 户被抄家,34 户被遣送农村,206 人被批斗,制造了大量冤假错案,挫伤了广大群众的积极性。

　　最近,他们学习了华国锋同志在五届人大二次会议上的报告,对街道阶级情况做了实事求是的调查分析。实际真相是,在林彪、"四人帮"横行时被批斗的 206 人中,除 2 个人的问题还在复查外,其余 204 个人没有一个是阶级敌人。这条街上确实居住着一些资本家,可是经过 30 年来的学习改造,他们当中的绝大多数人都能遵守政府法令,积极劳动,已经成为自食其力的劳动者,有的人已成为街道生产和生活服务的积极分子。原来有一个被定为坏分子的人,在落实政策,摘掉了帽子以后,在街道一个无线电修理部工作,表现积极。他刻苦钻研技术,努力为用户服务,受到群众的赞扬。

---

　　① 原文标题为《天津鸿顺里街道干部实事求是分析街道状况　摘掉"黑典型"帽子　做好生产生活服务工作》。

街道干部说,多年来的实践证明,并不是鸿顺里街道阶级斗争尖锐、复杂,而是林彪、"四人帮"在这里推行极"左"路线,搞阶级斗争扩大化,严重地混淆了两类不同性质的矛盾,打击迫害干部和群众。正是在这条极"左"路线的统治下,街道的一些工厂被迫关闭下马,生活服务网点被强行解散,使得人民生活困难,待业人员愈来愈多。

鸿顺里街道干部通过讨论,进一步解放思想,明确认识了城市街道工作的重点,提高了做好街道工作的自觉性和积极性。他们想方设法广开门路,扩大生产,先后办起缝纫、纸盒加工、汽车修理、电器修配等 34 个生产加工点,还办了早点、轧面、托儿等生活服务项目。到 8 月底,他们已安排待业青年 1500 多人,占全街应安排待业青年的 92%。全街道企业今年 1 至 7 月生产总值达到 46.5 万元,比去年同期增长 43%。

【选自《人民日报》1979 年 9 月 22 日】

上海市静安区办好街道食堂为群众做好事①

最近,我们在上海静安区对街道公共食堂做了一次调查。这种食堂很有特色,确实为居民办了一件好事,深受群众欢迎。

上海静安区共有 46 个街道公共食堂。这种食堂同营业性的饭店不一样,饭菜只算成本,每天公布账目,价格很便宜。凡愿搭伙的,每月付 1 到 2 元多的搭伙费。食堂工作人员的工资和日常开支,全部靠搭伙费来解决。目前,在这些食堂吃饭的有 18000 多人。

据居民们反映,这种公共食堂有五大好处:

解决了一些小厂、小店职工和中小学教师的吃饭问题。这些单位自办伙食,在场地、人员等方面都有困难。全区现在共有 1000 个单位的 13000 多名职工在公共食堂吃饭。食堂的服务态度一般都很好,每餐都有十四五种菜可供挑选。

解决了双职工子女的吃饭问题。街道公共食堂都开展儿童包饭工作,每餐一菜一汤,有荤有素。这样,一些双职工的子女从幼儿园升入小学以后,家中无人做饭的问题就解决了,家长可以安心生产,儿童可以安心学习。

照顾了年老患病等行动不便的人。武定路上有一个老太太,70 多岁,身体有病,媳妇上班,中午无人做饭,食堂天天给送饭菜上门。

补充国营饮食店供应的不足。现在,上海的饭店都很拥挤。有些外地来的旅客,也可以在街道公共食堂临时搭伙。

为解决就业问题开了一条门路。全区通过街道办食堂,解决了 700 多人的就业问题,其中 60% 是知识青年。从社会需要看,吃饭难的问题还没有完全解决,公共食堂还可安排更多的人就业。

【选自《人民日报》1979 年 10 月 12 日】

---

① 原文标题为《办好街道食堂为群众做好事》。

杭州市上城区清波街道勤俭路居民区
广开门路,积极安置和管理待业人员①

各位领导同志、各位兄弟街道居民区同志们:

你们好!

我们是清波街道勤俭路居民区的代表,我们受本居民区群众和干部的委托,来参加今天这个大会,感到非常高兴,同时这个大会也给了我们一次很好的学习机会,我们一定把今天大会的精神,领导的指示,各兄弟居民区的先进事迹、先进经验、好作风、好思想,带回去认真贯彻,老老实实地学习。

领导上指名要我们来向大会汇报,我们认为这是在检查我们一年来的工作,通过总结,取他人之长,补我们之短,更好地把我们今后的工作做好。

今年以来我们街道党委接连不断地召开了各种大小会议,认真传达贯彻中共中央十一届三中全会、五届人大会议的精神,中央〔1979〕51号文件及铁瑛同志的讲话,关于发展城镇街道集体所有制企业中的十条规定,又参加了区委召开的几次会议。

我们对这些内容都进行了认真的学习,在学习中联系实际,对照了思想,检查了工作,找了差距,扭转了一些不正确的认识。过去我们认为安置待业青年应该由上级来做,由工厂企业来解决,我们小小一个居民区,一无工厂,二无大企业,赤手空拳,空口喊白话,如何能安排这么多青年,因此叹苦经,喊困难,有畏难情绪。

通过学习,我们在认识上有了提高,思想就开窍,行动就开始起来,我们经常向领导请示汇报,从实际出发,依靠群众,群策群力,踏踏实实,克服各种困难,给历届待业青年,分配了不同类型的暂时性工作,使他们为社会主义建设贡献一份力量。

以下是我们汇报的三部分情况。

---

① 原文标题为《广开门路,积极安置和管理待业人员》。

一、基本情况

我们居民区共有 515 户人家，人口约有 1900 人，从本街道 24 个居民区的人口数来看是属于一个中等以上规模的居民区。

人民公社化之后，我们陆续有了一些生活服务企业，几年来由于形势的不断变化，这些生活服务企业上升的上升，合并的合并，剩下来只有一个开水站、一家代销店、一家食堂，最近办起了理发店、饮食店、废品加工组、标牌组等。老企业也相应有了发展，本居民区一共有大小单位 9 个，从业人员 72 人，其中青年 48 人，约占 67％。

历届待业青年共有 119 人，通过自找门路，招工考试，街道帮助安排，解决就业问题。由本居民区安排的到 9 月底为止，尚有 3 个青年没有落实，2 个是他们自己不愿做，1 个因有残疾而且又没有文化很难安排。

1978 届毕业青年有 36 人，到 9 月底已安排了 16 人，有了暂时工作。

二、安置待业青年时的一些情况

我们根据青年们的实际情况和不同特点，排队分析，按照男女青年不同劳力、不同文化程度以及家庭经济状况，结合青年平时的行为表现统一考虑，根据需要和可能，分别对待，尽量安排妥当。新企业中多安排，在老企业中挖潜力，并和兄弟居民区相互协作共同安排。

要工作的青年是那么多，我们居民干部确实感到压力很大，怎么办？

首先我们向家长谈心摊底，摊问题，大家共同帮助出点子，找门路，一道想办法。家长能自找门路的就自找，如果需要居民区协助，如开证明、介绍信等，我们就根据实际情况，实事求是地给予方便，妥善办理，帮助解决，先后已有 30 多人找到了门路，目前还有 19 人在做。

其次，在老企业中挖潜力。代销店内的营业员是 3 个老年妇女，她们已经干了十多年了，每天数十元的营业额勉强开支，为了安置待业青年，我们就想尽一切办法造了一间新屋，搬进去以后扩大营业范围，增加品种，延长营业时间，适当增加资金，商品上勤进快销，进货员不怕辛苦，一天需进两三次货，从而使营业额从数十元增加到百元左右，不但满足了消费者的需要，而且安置了待业青年。

又如食堂因地点不大好，在三个小弄堂内，外边有数间民房挡住，加上其他原因，吃饭的人越来越少，最后与其他单位合并。但我们想到虽然吃的人少,但群众和部分老人还需要,我们决定重新办食堂而且一定要办好,重起炉灶再行开办。当时开支无来源,我们干部就从家中拿来碗筷等各种杂物,七拼八凑,又搞起了食堂。在食堂内义务劳动不计报酬,勤俭节约,增加品种,搞好烹调,卖馒头、面条、发糕,有粥有饭,及时供应并根据需要供应。

原有一个为杭州标牌厂加工的标牌小组,加工的产品比较精细,质量要求很高,生产难度较大,必须房子光线充足,手势上比较灵巧一些才能搞好,而且规格上花色品种很多,色彩也很复杂,但加工费比较微薄,很容易亏本,质量上不合格的话连本钱都保不牢。

但是我们为了要解决待业青年的问题,决定扩大标牌加工小组,并在居民区自己搞,但这样做带来了困难。因为必须要突破工业用电这一关,有设备才能加工生产,我们就设法派出专人负责,多次与厂方及供电站取得联系和协商,“只要功夫深,铁杆磨成针”,我们三番四次,勤跑多恳求,有志者事竟成,有赖于供电局和厂方的大力支持以及街道“五七”生产组的帮助,我们很快就上了马,开展了生产。

因经验不足,业务生疏,对技术又不熟悉,而且增添了很多新青年,生产中出现了次品多、质量差、原材料消耗较大的情况,连续亏损 200 多元。

面对这些问题,我们不泄气,坐下来分析原因,看到成绩,找出原因,从全局出发,并从长远利益着想,下决心,想办法,坚决办好。

要相信青年人,我们和青年人一起学习摊收支情况,说明当前面临的实际情况及严重困难,并提出要求改进操作,提高质量,搞好生产,帮助青年提高认识,认清集体与个人的关系,生产的目的意义,在思想明确的前提下渐渐提高了产品质量,降低了消耗,同时还订出了一些切实可行的规章制度。截至目前,厂内工作人员还有超产奖励,已从一班制生产变为两班制生产,工作生产人员从原来的 7 人增加到 32 人,到目前为止已转亏为盈。

俗话说:“饭店门前摆粥摊。”我们办了一个饮食店,就是在四家饭店门前摆了一个粥摊,在离我们不到五六米的地方内就有五家饮食店。

我们初创办事,6 个老年妇女单纯为了生产和生活的需要,在一条行人道上 9 平方米的空间因陋就简办起了粽子馄饨店,后来为了要解决待业青年问题,我们干部就坐下来认真研究分析。首先由老年干部让出位,把青年人安排进来,再扩大 9 平方米的行人道,在行人道上搭个塑料棚,开展烧洗等工作,设法和原有住户商议,略微解决了一点住房问题。我们就采取早上比别家开得早,晚上打烊比别家迟的方法,改善服务态度,为顾客着想,方便顾客,积极搞好饮食卫生与个人清洁,加强经济合算,薄利多销,多中取利,根据早市、午市、晚市的销售特点,保质保量,增加口味,改进花色品种,一班制改为二班制经营,营业额从 90 元增加到 100 元左右,毛利达到规定标准,不仅满足了消费者需要,而且安排了待业青年。

最近还有数位外宾由翻译陪同路过我们的小摊门口,他们就坐下来,一边吃菜肉馄饨、大肉粽子、油条,一边谈论评价,通过翻译了解小摊是谁办的。服务员回答是居民区群众和青年办的,他们感到很好,办得不错,临行时还买了好些带了去,并照了相。他们感到这样一家小店吃得很满意。

我们不骄傲、不自满,一定要把这个饮食店继续办好,为四个现代化贡献点滴力量。

我们还有一个废品加工组,原有从业人员也是老年人和困难户。我们为了要安排青年人,就和几位年老体弱、经济情况比较好一些的老人商议,讲清原因请他们支持我们的做法。他们认为我们做得对,安置青年要紧,因此我们就安排几个青年进废品组。现在废品组很团结,轻便工作由老人们做,有些工作就由青年人承担,相互了解,共同团结把小组搞好。

以上是我汇报了一些我们居民区的工作情况,在工作中缺点和存在问题很多,错误的地方也不少,希望领导和到会同志给我们指正,今后我们在工作学习中改正。

三、体会

我们认为以上所做的一些工作是在街道党委的正确领导和支持下,以及群众和有关部门对我们的帮助下完成的,这使我们在安置青年工作中遇到困难时,能够及时解决克服。例如,标牌组织有电表和烘箱,全体街道生产组和有关供电局的协助,不但节省了开支,而且使我们很快投入生产。

为了更快安置好待业青年,尽快投入生产,分开两班制,夜间新房子内缺少电灯不能开两班,本居民区退休工人朱金泉同志非常热心,他不顾脚上有病,行动不便,日夜为我们安装电灯,花了许多时间和精力,而不花一分钱,这是群众对我们的大力协助。

又如我们去年造了一幢新房子,面积约有 40 平方米,根据需要今年又在路边造了三幢新房子,面积约有 60 平方米,需要钢材水泥、木材等材料。虽然领导尽力帮助我们,但样样伸手向上面要,却也很难开口。经过干部商议,我们有位老干部沈秀娜同志就回家和他儿子商议,他们千方百计帮助我们解决了很多原材料问题。

必须加强学习,提高认识,统一思想,行动一致。本居民区干部内部之间的团结,素来是好的,分工不分家,困难一齐来,有事大家做,为了集体事业,大家都有一个正确思想,为集体多办事,办好事,因此在建造屋子中施工干部便分工日夜班轮流搞义务劳动,不分老小,工作再忙大家都齐心合力共同干。

任何工作我们干部都以身作则事事带头。有一位老干部为了在代销店内要安置待业青年,主动让出位置,让青年人进店,别人拉他后腿说:"你干了十多年,现在不干多可惜。"但他毫不动摇地说:"我们老年人应该让青年一代。"同种情况不止这位老人,有很多干部也是如此做的。自己不做让青年人进去做,真正做到公而忘私,不为个人打算而为集体事业着想。

我们认为不但要把青年安置好,而且还要把青年教好。每星期干部与青年们共同学习,在我们有一个小组内,有个女青年平时作风不够好,工作又不认真。我们就关心她、了解她,与她个别谈,耐心教育,并取得与家长的经常联系,给青年人分析危害。到现在她已逐步改正缺点,安心工作。

平时我们不但和青年们共同学习政治,还定时共同商讨业务和生产问题,促使大家共同进步,搞好生产。

最后我们的工作离上级对我们的要求还相差很远,没有很好完成今后还待努力。与其他兄弟居民区相比也远远不及其他兄弟居民区。

今后我们一定更努力学习,认真落实党的各项政策,做好群众工作,调动一切积极因素,团结一切可以团结的力量,为加速四个现代化而努力。

清波街道勤俭路居民区

1979 年 10 月

【由杭州市上城区档案馆提供】

杭州市上城区红星路居民区关于发展
集体经济广开就业门路安置待业青年工作小结[①]

在街道党委的正确领导下,我们红星路居民区在发展集体经济广开就业门路安置待业青年方面,虽做了一些工作,但是谈不上什么经验介绍。我们只能把我们做的工作向领导和同志们作一个汇报,我们主要是趁这次大会向先进的兄弟单位学习的。我们居民区共有待业青年 156 人(其中 1977 届及以前历届毕业生 118 人,到 9 月底已安排 117 人,占 99.15%,1978 届 38 人,已安排 24 人,占 63.2%)。

(一)组织待业青年学习

在广开就业门路,安置待业青年工作开始时,我们在调查摸底的基础上,多次组织他们开会学习。宣传参加学习和劳动对促进安定团结和建设"四化"的重大意义,因此,很多去年都报了名,我们先后组织他们学习做台灯罩,成立装卸队和安排进加工组劳动。并进行组织纪律性教育和技术的指导。可星期四下午跟生产、生活服务班组学习和研究生产。

(二)积极广开新门路和扩大挖掘原有生产生活服务项目的潜力,努力安排好待业青年

我们居民区原有小件寄存、皮件组、立脚组、三轮车运输组、医疗站、幼儿班等 15 个生产生活服务组。

5 月份,党中央提出了广开就业门路,积极安排待业青年的号召。6 月份我们居民区却碰到了三个具体困难:一个是三轮车服务处和杭州站新开了小件寄存处后,我们的小件寄存处业务一落千丈,只有原来的 30%,最低降到百分之十几,因而人员也多出了十几个。第二,立脚加工组的业务就要收回(现已收回),又多出 10 个人。第三,水壶带的加工业务计划就要完成(现已结束),也多出几人。当时干部的心里很急,看到的想到的都是困难。有的说居民区加工利润少,加工业务又不正常,就业也没法安排,还有啥好门路好开。

---

① 　原文标题为《红星路居民区关于发展集体经济广开就业门路安置待业青年工作小结》。

有的认为我们就要发 3000 多元,现在业务缩小了,又多出了 2000 多个人,门路越来越少。看来"多年修功要一笔勾销",感到灰心丧气,悲观失望。

后来,我们参加了区和街道党委关于广开就业门路,安置待业青年的会谈,认识到这是当前的一项中心工作,是促进安定团结,发展生产的一项重要措施。同时,也懂得了看问题要一分为二,既要看到困难的一面,更要看到有利的一面,如旅馆紧张,旅客下火车叫不到三轮车,而且去年都迫切要求工作。开会回来以后,我们就发动加工组青年,自己动手,经过一个星期的突击修建和调整房屋,于 6 月 20 日办起了有 110 个床位的旅客招待所,安排了 16 个人,其中 7 个青年。从 6 月 20 日到 7 月 19 日的一个月里,营业额达到 2079 元(到 9 月份止已达到 9024.50 元)。因而既解决了经济问题和人员的安排,又消除了干部怕办不下去的顾虑,增加了广开门路的信心。以后,我们到上海金山参观学习后,新办了绕塑料线团小组,又办了代售面包组和台灯罩组,安排了 9 个青年。另外我们与自行车厂,机钻厂和电镀厂联系,安排了 11 个青年做长期临时工。

我们除了广开新门路外,还积极挖掘原有加工组的潜力。由于皮件组经常能保质按量完成任务,大众皮件厂给我们增加了加工业务,因此改为三班制,共安排了 14 个青年,三轮车组改为二班制,又安排了 6 个青年,幼儿班也增加了 2 个青年。在安排中,我们优先安排烈军属子女。还动员 5 个退休人员回家。我们对黑龙江退回杭州的 6 个知青,做到随回杭州随安排。2 个劳改劳教回来的也做了安排。

现在对于 1977 届和以前历届无卡的 68 个青年,有 67 个安排了工作(居民区 41 人,外临工 14 人,自找门路 5 人,顶职 7 人),还有未安排的 1 个是脚压伤不能工作。对 50 个有卡的和 1977 届六种人的待业青年,有 33 人还在工作,占总人数的 66%,等他们分配后,1978 届的又可安排一部分。现在,1978 届共有待业青年 38 人,已安排 24 人,占 78 届总人数的 63.2%。

我们除了巩固和提高现有的生产生活服务组以外,最近我们又购买了 10 辆三轮车,等装配完成后,又可安排一些待业青年,还打算将绕线团组好原料可能改为两班或三班制,以及联系冲床业务,进一步安排待业青年。

(三)坚持自力更生,勤俭办企业的方针,和试行按劳分配

我们红星路居民区的妇女干部和群众,在 1967 年用"义务劳动卖西瓜,赚来钞票办加工组"的办法和十几个女同志在冰天雪地里,将大筒塑料布从汽车

上硬是用肩扛手抬搬到工厂加工。我们就是这样从无到有，从小到大逐步发展起来的。到今年 8 月底，居民区已积累了现金存款 59422.32 元，固定资产 57173.8 元。现在，我们虽然有了一定的物质基础，但是还坚持自力更生勤俭办企业的方针。例如，6 月份在筹办旅客招待所的过程中，居民干部带领加工组青年，日夜奋斗了一星期，自己动手打样，开门洞、窗洞，粉刷墙壁造简易办公室、储藏室和厨房。运钢丝床和床上用品，节约了大量的修建费用和搬运费用。还将办公室和仓库让出来扩大招待所的面积，于 6 月 20 日开始营业。

9 月份，我们在三轮车运输组试行多劳多得分成（40％～45％）促使营业额直线上升。过去有的人踏满 100 元定额后，就不愿再踏了。实行多劳多得分成后，最多的 10 天就踏 100 多元。9 月份平均每人营业额是 166.24 元，比 8 月份的平均数 91.80 元，增加 81.07％，其中最高的达到 275.00 元，净工资收入 122.25 元，最低的也有 106.00 元，净工资 45.13 元。我们在胸罩组试行超额奖励制度后，产量比 8 月份增加了 353 只，奖金总额 14.26 元。但这个组都是老年人，过去整天边生产，边谈天，现在，高声谈笑的情况基本上消失了。

（四）加强思想教育，不仅好人好事不断出现，而且帮助后进青年改正了错误

我们的生产生活服务组，每周四进行一次政治学习和生产会，除了学习报纸、文件外，还着重研究如何提高生产质量和改善服务态度。如招待所服务员，特别是青年服务员，经常扶着生病旅客到医院看病，半夜请居民区医疗站医生为旅客看病。有的为生病的旅客烧粥，买菜买点心，有的为生病旅客洗衣。尤其在 8 月下旬，服务员小姚拾到 30 元钱，加工组小柳拾到上海牌手表一只，都及时归还了旅客。以上都收到旅客的感谢信和群众的赞扬。小件寄存处，进一步改善了服务态度，从车站到寄存处之间，为旅客免费接送行李、包裹，得到了旅客们的好评。

另外，还有一些后进青年，安排到加工组，进行了法纪教育，促使他们改正了错误。青年徐建平是独子，1977 届毕业生。他在读书时就小偷小摸，打架，学校曾给他办过学习班。1978 年 8 月居民区会同派出所给他办学习班，严肃指出他错误的严重性，进行了法纪教育。然后安排在加工组劳动和继续进行教育，还让他参加青年突击队，表现还好，没有发现他重犯错误，他对干部说："我年纪大了，经过干部和民警教育后，我决心改正错误。"现在他已顶职进了工厂。另有裘国正，1971 届毕业生，曾搞过投机倒把活动。进加工组后，也没

有发现重犯错误,表现也还好。陈令,1978届,父是铁路行车人员,母无双脚,无法管教,所以,他经常爬墙撬门,进行小偷小摸,被学校开除。这次,经居民区教育后,他在调查1978届表上写道"我保证今后不做坏事,好好工作,努力学习"表示悔改,就安排他在装卸组劳动,后又安排到自行车厂做临时工,表现还好,没发现重犯错误。

(五)几点体会

1.依靠党的领导和发动群众,是搞好广开就业门路,安排待业青年的关键。街道党委组织我们学习,使我们提高了认识,解放了思想,克服了消极畏难和悲观情绪,树立了信心,而且帮助我们解决了招待所用的钢丝床和床上用品,还经常和我们研究如何广开门路和安排待业青年,使工作顺利进行。领导支持,群众发动起来了,一个个困难就迎刃而解了。

2.要搞好待业青年的安排,首先要认真学习,明确到这一工作的重要意义。同时在实践中要用一分为二的观点去分析情况,既要看到困难的一面,又要看到有利的一面,从而,增强我们的信心。而且要用有利条件,经过我们主观努力,去克服困难,解决问题,搞好工作。这就是"事在人为"。现在,我们的思想已经从"多年修功要一笔勾销"的悲观失望情绪中解放出来了,而且还信心十足地决心把待业青年安排好。

3.要搞好广开门路,安排待业青年,不但要积极找新的门路,而且要努力办好原有的生产生活服务,决不能抓了新门路,而放松原有的生产生活服务。同时,新办的生产生活服务,还有一个巩固和提高的过程,弄不好就会出问题。这里首先要加强对青年以下几方面的教育:(1)躲躲阵头雨①的临时观点。(2)大钱赚不来,小钱眼不开。(3)青年和老年比工资,比产量。(4)劳动纪律教育等要经常注意青年的思想动向,及时发现问题,研究解决。只有这样,新办的项目才能不断巩固和提高。

4.多劳多得和超额奖励,是用经济手段管理经济,调动人们积极性的一个有效办法。它既能提高生产效率,改善服务态度,又能改进经营管理,促使人们自觉遵守劳动纪律。我们在三轮车运输组试行多劳多得分成和胸罩组试行的超额奖励制度,充分证明了这一点。不过我们初步体会到,首先必须认真进行调查研究,分析情况,进行初步核算和组织群众进行讨论,并在实践过程中

---

① 躲躲阵头雨:方言,"阵头雨"为"雷阵雨",很快,躲躲就过了。——编者注

使它不断完善。因此,我们准备继续进行摸索和逐步扩大多劳多得分成和超额奖励制度。

但事物总是一分为二的,我们在街道党委领导下,依靠广大干部和群众的努力,做了一些工作,也取得了一点成绩。但用党的要求来衡量,与先进居民区相比,差距还很大,还存在不少问题。主要是:领导班子分工不明确,加工组没有专人管生产。各种制度不健全,有的还没有建立。缺乏管理经验,特别是三轮车运输组价格不统一,少数青年甚至有"扣黄鱼"的情况。

通过今天的大会,我们明白要虚心学习先进居民区的好经验,进一步把发展集体经济广开就业门路,安排待业青年的工作搞好。

1979 年 10 月 25 日

【由杭州市上城区档案馆提供】

杭州市上城区勇进街道自力巷居民区
发展集体经济　积极安置待业青年①

　　我们自力巷居民区,共有 581 户,居民 2014 人,原来只有一个针织加工组,从业人员很少。近两年来,我们广泛发动群众,大办生产生活服务事业,安置了一批待业青年。到 9 月底止,办起了加工小组 3 个,饮食服务 1 个,还有修理钟表、拆洗棉衣、翻丝绵、倒马桶等服务项目,从业人员共 76 人,其中待业青年就有 52 人,占从业人员总数的 68.4%,今年 1—9 月加工收入 33940 元,利润 3464 元,历年积累 14930 元。

　　我们居民区共有待业人员 186 人,其中 1977 届以前的待业人员 125 人,1978 届毕业生 61 人。到 9 月底为止,对 1977 届以前待业人员,除 1 个青年因患肾炎在家养病,1 个青年在街道参加服装裁剪学习班外,其余 123 人全部做了安置,占 98.4%。与此同时,我们对 1978 届青年也先后安置了 27 人,占总数的 44.3%。另外,我们还帮助兄弟居民区安置了 7 人。这些待业青年,安置在本居民区塑料鞋加工组、缝纫锁钉组、羊毛衫针织组以及饮食点心店共 52 人,占 1977 届以前待业青年总数的 41.3%;参加街道劳动服务运输队 8 人,介绍出去做临时工(包括自找门路的)14 人,已顶职 14 人,考上大学、中专技校的 3 人,参加招工考试合格的 59 人。1978 届 61 名青年中,已顶职的 1 人,自找门路做临时工的 3 人。安置在本居民区生产加工组的 23 人,占 1978 届总人数的 37%。还有 34 名青年尚未安置,居委会把他们组织起来进行学习,参加公益劳动和社会活动。

　　实践证明,把青年组织起来,参加生产生活服务事业,人人有事做,个个参加学习,既减轻了家庭负担,又促进了安定团结,从而使青年称心,家长放心,群众高兴,我们居民干部也有了信心。

　　一、深入进行思想发动,统一思想认识

　　我们在安置待业人员的工作中,有个从不认识到逐步认识的过程。开始

---

　　①　原文标题为《发展集体经济　积极安置待业青年》。

时，居委会干部中有几种想法：一是认为安置待业人员主要是劳动部门和系统、单位的事，与居民区不搭界①；二是认为居民区都是老头儿、老太婆，一无房子、二无物资、三无资金，没有条件，无能为力；三是认为小青年难管难弄，不管没事体②，多管多淘气。针对上述思想，我们先组织居委会主要干部学习中共中央〔1979〕51号文件，华主席、李副主席在中央工作会议上的讲话，明确认识安排好城镇待业人员的工作，是当前一项十分紧迫的任务，必须引起高度重视，处理不妥就会一触即发，影响安定团结。在学习中，联系我们居民区的实际，有些青年一帮一伙，结识一些不三不四的人在水漾桥边抽烟、打架、闹事，个别青年甚至走上犯罪道路，严重影响社会治安，这些触目惊心的事实，使我们越想越感到安置工作的重要，越想越感到我们责任重大。大家表示：安置待业青年不是不搭界，而是我们居民区当前的中心工作，非抓不可。只要思想统一，行动一致，下大决心，花大力气，困难是可以克服的。接着我们抓了生产、生活服务单位骨干的思想工作，解决了那种认为青年安置进来时"抢饭吃"，要影响质量，弄得不好要赔钱，加工业务要中断，技术刚学会又要"飞走"等思想问题。

通过学习，认识大大提高。羊毛衫针织组长当场表示决心说："我们出口羊毛衫任务是足的，技术质量要求是高的。为了尽快安置待业青年，我一定耐心教，传技术，帮思想，我这里可以安置十几个待业青年。"缝纫组同志表示："我们坚决响应党的号召，走出去找门路，扩大业务，待业青年就可以安置。"塑料组同志也不甘落后，主动与厂方协商，扩大业务，增加青年的安置。同时，我们也重视解决青年中认为居民区加工组、点心店工作没名气的思想，通过组织学习和上门访问、谈心，青年们的思想认识有了提高，认识到加工服务工作也是为"四化"出力，同样都是光荣的，从不愿意参加到主动报名。

二、努力办好生产、生活服务事业，广开就业门路

我们居民区在广开门路方面的做法有以下几种：一是与有关工厂联系，积极争取扩大加工业务。如缝纫锁钉组原来只为一个厂加工，现在新增加两个服装厂的加工业务，安置了20个待业青年，占这个加工组总人数的58％，业务从吃不饱到吃不了。二是通过提高产品质量，争取业务。如羊毛衫针织组是

---

① 搭界：方言，意为相关。——编者注
② 事体：方言，意为事情。——编者注

出口任务,质量要求高,青年安置进去后,由老师傅包教技术,保证了质量,从而使大厂放心,业务不断扩大,在这个组安置待业青年 10 人,占这组总人数的31%。三是见缝插针,以青顶老。如饮食点心店卖票的退休工人辞退了,2 名青年分配走了,我们马上补上 3 名待业青年。又如塑料组有个 70 多岁的老大娘,她有个 20 多岁的外孙是个待业青年,我们动员老大娘回家料理家务,让外甥来顶替,收入比他外婆多,皆大欢喜。这个加工组安置青年 12 人,占加工组总人数的 49%。四是增加班次,扩大营业。自力点心店一向供应早点,每天营业额在 60 元左右,为了多安置一些待业青年,将原来的一班制改为两班制,增加了下午班,又安置了 3 名待业青年。现在点心店共 13 人,其中青年 7 人,占该店总人数的 54%,每天营业额由 60 元左右增加到 85 元左右。今年 1 至9 月已积累 3000 余元。五是积极动员青年参加街道劳动服务站工作。我们对身体比较强壮的男青年,积极动员他们到街道运输队和修建队做运输工和泥木工,先后输送待业人员 8 人。六是上门发动待业青年家长广找门路,通过自找门路,我们居民区先后共有 25 人得到安置。

通过前一段待业青年的安置工作,我们深深体会到,只要方向对头,解放思想,依靠群众,任何困难都是可以克服的。

三、把待业青年组织起来,进行学习,加强管理教育

居民区是铁打的营盘流水的兵,青年分配一批又来一批,把待业青年组织起来进行教育是十分必要的。在居委会干部统一思想的基础上明确分了工,由一位干部专抓青年工作,建立一周一次学习制度。同时充分发挥居民区团小组的作用,让优秀青年担任组长工作。我们主要组织他们学习上级发的有关文件,学习自卫反击战英雄事迹,学习张志新烈士,并进行形势、法纪及道德风尚教育,艰苦奋斗教育,开展了向"雷锋式的待业分配好青年——李江桥"学习的活动,进行了怎样正确对待就业分配的专题讨论。通过学习,青年们思想觉悟提高了,法纪观念加强了,能够体谅国家的困难,想大局,识大体,服从分配。原来有些青年服务行业不肯去,现在抢着去。对于体力劳动强度较大的运输工、泥木工,开始动员没人报名,现在能主动要求去。青年们参加居民区生产生活服务工作以后,思想面貌发生很大变化,逛马路、抽香烟、打架的少了,钻研技术的多了;乱花钱的少了,勤俭节约的多了。有不少青年除给家中伙食费外,把钱省下来,买块手表,添置衣服,减轻家长负担,家长很满意。大多数青年参加了居民区互助储金会,为四化建设出一点力量。目前我们居民

区尚有 34 名 1978 届待业青年未安置,我们把他们组织起来,每周半天学习,组织他们参加公益劳动。对好人好事及时表扬,对学习不重视的青年上门访问谈心。在街道团委的直接领导下,我们已着手筹建团支部。为了尽快安置好 1978 届待业青年,最近我们继续四处奔跑,广找门路,在 10 月初新接了个业务,做小型电子计算器的外套。在一无房子,二无缝纫机的困难情况下,采取挤一点的办法,把工场设在原来塑料鞋加工组的地方,动员一部分老从业人员将塑料鞋发送到家,分散加工。腾出来的地方加工计算器外套。缝纫机没有怎么办? 动员 1978 届青年参加,自带缝纫机自己踏,机器损耗费可以津贴。这样又安置了 8 名,前后共安置了 35 名青年,占 1978 届总人数的 66%。我们准备再想办法搞点房子,巩固扩大业务。力争在年底前将 1978 届 26 名青年全部安置好。

勇进街道自力巷居民区

【选自《上城简报》第 31 期 1979 年 10 月 29 日由杭州市上城区档案馆提供】

杭州市上城区清泰街道城头巷办好生活服务事业①

　　我们城头巷居民区，去年底以前，先后办起了针织、表带、拉链、纸盒、早点服务、代销店等 10 个生产生活服务点。随着形势的发展，今年以来，在街道党委的领导下，以安排待业青年为主，又先后办起了装订组、理发店两个小组。到目前为止，12 个生产生活服务小组共有从业人员 213 人，全居民区 1977 届以前的待业青年已全部安排妥当，并已安置了一部分 1978 届毕业生。我们在办好生产生活服务事业安排教育待业青年的工作中，尝到的甜头是不少的。

　　困难多吓不倒，集体事业添新儿。发展办好生产生活服务事业，解决安排待业青年，是党中央提出的一项迫切的政治任务。我们居民区全体干部，针对实际进行了讨论分析，大家对发展办好生产生活服务事业的重要意义，认识上比较一致，但有的也产生了畏难情绪，认为几年来虽然办起了 10 个加工小组，心血花得不少，正待巩固，还有什么精力再去考虑发展呢？再加上又要以安排待业青年为主，我们这些婆婆妈妈对青年工作又缺乏经验。因此，思想上顾虑重重，虽有打算而总是迈不开步子。后来街道党委组织我们一起认真学习中央工作会议和五届人大二次会议精神，原原本本地传达国务院下达的文件以及省、市、区委领导同志的讲话精神，启发我们要向前看。要看到居民区的有利因素和解决困难的潜在力量，通过"一学二议三分析"，提高了我们对发展办好生产生活服务事业的信心和决心。同志们深有感触地说："我们城头巷居民区，过去在困难中能够办起 10 个生产加工小组，以前能够做得到，今天也一定能够办得到，关键所在，路是要靠我们人去走出来的。"

　　在筹办过程中，困难确实不少。是迎着困难上，还是见难而退？这是对我们的一次现实考验。在这场考验中，我们上靠党中央文件为指导思想，下靠自力更生、群众路线为力量源泉，使困难一个个得到了克服解决。没有生产场地，我们就主动上门同居民群众商量。经过努力工作，有不少居民群众纷纷腾出了房间让给加工组使用。如城头巷 31 号居民王国庆同志，听说我们房子场

地有困难,就主动对我们说:"居民区要办加工组,这是一件利国利民的大事,现在居民干部为此操心,我们群众也要关心,我们家里虽然居住条件不十分宽敞,但克服一下挤一挤,问题是不大的。"于是第二天他就腾出了一间灶房,让给了加工组。居民群众的积极行动,给我们增添了力量,为了适应加工生产的需要,我们又专派一名干部,不辞劳累,几次三番地与正在搬厂房的杭州表带厂领导联系,要求他们给予大力支持。经过几次上门工作,该厂终于让出了老厂房 100 多平方米面积,支持我们装订加工组使用,解决了房屋场地的困难。缺少工作台板,桌子、板凳,我们就发扬了自力更生精神,居民主任、共产党员马喜琴同志一马当先,以身作则,把自己家用的桌子搬到了加工组。妇女主任王月珍同志也紧接着将铺板拿了出来,居民干部的模范行动带动了居民群众。居民杨慧珍同志一见到我们居民干部就语重心长地说:"过去'四人帮'只会唱高调而不做事情,'四人帮'粉碎后,党的优良作风得到了恢复发扬,现在连居民区里的干部也脚踏实地把工作干起来了,我们群众看在眼里,喜在心里,我家里也有几块铺板,借给加工组使用吧!"为了使装订加工组尽快办好上马,我们多次组织居民干部、群众和待业青年,开展义务劳动。大家搬的搬,抬的抬,用煤屑砖搭起了工作板凳。经过这样一番积极的努力,终于又办起了装订组、理发组这两个加工服务小组,为生产生活服务事业增添了新的面貌,仅一个装订加工组,就安排了待业青年 104 人,其中除安排本居民区待业青年 65 人外,还协助兄弟居民区安排了待业青年等 88 人。

加工组是安排教育待业青年的好课堂。我们是在 1977 年下半年开始办起生产生活服务事业的。过去思想比较单纯,无论经济和安排等方面,只考虑解决一些困难户和部分闲散劳动力的就业问题。而对待业青年,特别是对犯过错误的失足青年的安排教育工作是不够重视的,怕安排进来会"吃力不讨好,黄胖搡年糕"。因此思想负担重,顾虑多。在安排时,我们能拖则拖,推向客观①加以应付。今春以来,通过学习《人民日报》有关文章以及其他有关正反两个方面的典型材料,我们越学越感到我们的想法是不符合形势的,认识到安排教育待业青年,做好转化工作,促使他们成为一个有社会主义觉悟的有文化的劳动者,是关系到安定团结的政治局面是否能长期巩固,关系到四个现代化建设能不能加速发展的大问题。所以,对于这项工作我们居民区也同样十

---

① 推向客观:此处应为以客观现实为由而推脱的意思。——编者注

分重视,把它抓紧抓好。认识提高了,步调也就一致了。我们就对全居民区的待业青年进行了一次全面的调查,做到心中有数,提出了打算,开始了行动。

为了做好待业青年,特别是少数失足青年的思想教育工作,从有利于培养教育出发,我们结合生产实际,把全部待业青年都集中到装订组,指派一名居民干部具体分管生产、学习、工作。组织待业青年每星期两次利用业余时间,一方面学习政治,另一方面学习业务技术。不定期地召开民主生活会,开展批评与自我批评,开展比学赶帮超活动。这样使待业青年在生产加工组里学有方向,干有目标,对失足青年也能起到督促教育启发作用。例如有一个青年,他从小沾染了小偷小摸行为,在"四人帮"横行期间,受毒较深,不仅在家里偷,而且在周围邻居家里也偷,甚至发展到社会上去搞"扒窃"罪犯活动,尽管公安机关教育多次,继续一犯再犯,不少居民群众见到他就会摇摇头说:"要这个小鬼不偷不摸,只有斩了他的双手才行"。今年我们把他安排在装订组劳动,组织上对他经常教育,同志们对他不断帮助,经过一段时间的考查,这个青年逐步认识到自己过去所犯错误的严重性,开始有了悔改的表现。现在,他不仅对工作安心,而且劳动态度也端正了。他能几个月来坚持做到 8 小时工作制,业余时间也能坚持学政治、学业务。在日常生活中,能够按时完成任务,对质量也比较重视,回到家里,他不像过去那样喜欢到外面游荡了,平时一些不三不四的人也很少到他家里来了。过去他把家里当成"饭店",现在他也能做一些家务劳动,过去袋儿里有多少钱就花多少,讲排场讲阔气,现在发了工资就如数交到家里,必要的用钱,就向大人讲明。总之,这个小青年有了较好的转变,使他的家长解决了"后顾之忧",居民群众也很满意。正如有的同志说得好:"居民区办起了生产生活服务组,把待业青年组织起来,这样做既支援了四化建设,又发展了安定团结的大好形势,而且还能起到对待业青年的培养、教育的作用,正是一举多得"。

党的领导是办好服务事业的保证。居民区的服务事业发展较快,面儿变化较大,千靠万靠,靠的是党的领导。我们每走一步路,每搞一个项目,事先总要向街道党委进行汇报,提设想,谈看法,摆困难,表决心,听取党委的意见。认真地研究落实。例如:在装订加工组筹办过程中,我们多次向街道党委汇报,在街道领导的帮助下,通过发动群众,坚持群众路线,发扬有条件要上,没有条件也要创造条件上的大庆精神,克服了一个又一个的困难,使装订加工组顺利诞生。为了巩固办好原来的生产生活服务小组,我们也是一步一个脚印,在经营范围,服务方向,生产管理,人员的安排调整等方面,也随时做到请示汇报，发现问题及时提请党委解决，使居民区的生产生活集体事业走有方向，干有目标。

在街道党委的领导下，在组织上成立了领导小组，由居民主任马喜琴同志全面负责，妇女主任、福利主任和其他干部共同配合抓，同时十分注意发挥退休工人的积极作用，依靠这支力量发展业务来源，提高业务技术，改善服务态度。

通过全体从业人员，特别是待业青年的共同努力，加工收入有了不断提高。据统计，今年 1 至 9 月，总共加工收入 44266 元，比去年同期增长 9.3%，工资收入为 31049 元，与去年相比提高 67%，上缴管理费为 2113 元，比去年同期增长 1.9 倍。积累了集体资金 4625 元，比去年同期增长 107%。这样也使居民区的 33 户困难救济户基本上改善了生活条件，既减轻了国家的负担，而且待业青年通过参加劳动锻炼，也有了一定的收入，弥补了家庭经济。因此，我们广大群众都高兴地说："党的领导真英明，服务事业称人心，利国利己为人民，实现四化做贡献。"

清泰街道城头巷居委会

【选自《上城简报》第 30 期 1979 年 10 月 29 日由杭州市上城区档案馆提供】

南京市关于街道集体所有制职工和居民委员会
正副主任等人员实行副食品价格补贴办法的通知

　　根据国务院国发〔1979〕245 号《国务院关于提高主要副食品销价后发给职工副食品价格补贴的几项具体规定》的精神，结合我市街道的实际情况，对街道集体所有制职工和居委会正副主任等人员实行副食品价格补贴的办法做如下规定：

　　一、街道工业企业职工的副食品价格补贴，凡有支付能力的单位，经区革委会批准，原则上可以比照全民所有制单位的办法执行，每人每月发给 5 元。积累少、底子薄、支付能力差的单位，可以低于 5 元，这些单位应当改善经营管理，增加生产，节省开支，创造条件，力求逐步补到 5 元。街道工业企业已退休、保养的人员，按本单位职工同等标准发给。

　　二、从街道生产、服务单位（包括劳动服务站、生产生活服务站、街道青年红专学校、文化站、广播站等）提取的管理费中开支工资的人员，凡有支付能力的单位，经区革委会批准，原则上每人每月补贴 5 元，经济条件差的，也可以低于 5 元。

　　三、安置在街道生产、生活服务单位的从业人员（包括居委会办的五七生产组人员），根据单位的经济条件和支付能力，经街道办事处批准，可以每人每月发给 5 元。也可以低于 5 元或缓发。对于纯劳务所得、街道不提取其管理费的人员不发副食品价格补贴。

　　四、街道大集体性质的幼儿园的保教人员，每人每月补贴 5 元，支付能力差的单位由区从市拨经费中借支。街道保洁队人员由市卫生局从环卫经费中，按核定人数每人每月 5 元计算，发给街道统筹支付。

　　五、居委会正副主任的副食品价格补贴，每人每月发 5 元。其中退休人员担任居委会正副主任的，按退休人员的办法执行；从街道工业企业推荐到居委会担任正副主任或已经参加街道工业企业的居委会正副主任，由所在单位按本单位职工的标准发给，如低于 5 元的，由区或街道从工业分成的利润中补足；其他居委会正副主任，在未列为生产、生活服务站的服务单位的管理人员或纳入街道工业企业之前，由市财政局从地方经费中给每个居委会每月暂增拨 10 元(即由每月 75 元增为 85 元),交由街道统筹安排,作为这部分居委会正副主任的副食品补贴费。

六、郊县集镇可参照以上办法执行。

另外,关于社会生活困难救济户(包括五保户)、原国民党县团以上党政军特特赦释放人员和在街道、居委会临时帮助工作的人员,均不在这次实行副食品价格补贴的范围之内,一律不发副食品补贴费。但为了照顾这些人的实际生活困难,其中社会救济户的救济费和特赦人员的生活补助费,在上级没有新的规定之前,均将原标准暂提高 3 元,由民政部门从社会救济费中支付;少数在街道、居委会临时帮助工作的人员,由区或街道适当提高原生活补贴费。

南京市革委会

1979 年 10 月 30 日

上海市蓬莱街道组织社会调查①

不久前,上海南市区蓬莱街道党委,针对某些基层干部对资本家阶级的变化了解不深、认识较差的情况,组织他们到原资本家居住比较集中的龙门村做社会调查。

通过调查,他们了解到,首先,原有资本家的人数逐渐减少。据不完全统计,龙门村原有资本家 100 人,已死亡 31 人,迁出 4 人,劳动改造 2 人,尚有 63 人。年龄大多数已六七十岁。

其次,在这 100 人中,除被劳动改造的那 2 个人以外,大部分人表现较好,是拥护党,拥护社会主义,拥护政府的各项方针政策的。其中不少人在社会主义建设中做了有益的工作。李鹿鸣(已去世)在 1958 年街道里弄大办集体事业时,有过不少贡献,并将一间 20 平方米的房间腾出来给里弄托儿所使用。区人大代表、政协委员王敬之退休后积极帮助里弄工作,得到群众好评。更为重要的是,大多数资本家经过多年的劳动,已成为自食其力的劳动者。

而且,他们现在都决心要为四化出力。原资本家李农生,在落实政策后立即拿出 1 万元,参加了爱国储金会。

在开展社会调查的基础上,街道党委组织参加调查的同志介绍情况,使街道的全体干部感到,党中央对我国现阶段阶级状况的分析,完全是建立在对客观事实做科学分析的基础上的。原来认为资本家"人还在,心不死"的同志,也感到材料有说服力,提高了认识,改变了过去的看法。

【选自《人民日报》1979 年 11 月 2 日】

---

① 原文标题为《为加深对党的现行政策的理解　上海蓬莱街道组织社会调查》。

邯郸市永新里居委会采取措施
从思想和生活上关心教育青少年

河北省邯郸市永新里居委会,认真做好对青少年的教育工作,使青少年的精神面貌有了很大变化,社会秩序和社会风气越来越好。

永新里居委会有 1200 多户,6600 多人,其中有青少年 2000 多人。前些年,在林彪、"四人帮"极"左"路线的毒害下,一些青少年经常打架斗殴,偷摸扒窃,结伙流窜,流氓犯罪,严重影响了社会安定,影响了广大职工的生活和工作。居委会决心抓好对青少年的教育工作。经过几年的努力,这个居委会的工作很有成效。坏人坏事大大减少,好人好事日益增多;少数失足的青少年也都有了很大转变。1974 年,这个居委会地区有打架斗殴等事件 60 多起,去年降到了 4 起,今年以来只有 2 起。

他们的主要做法是:

1. 从思想上、生活上关心青少年。他们采用以表扬为主的方法,鼓励青少年奋发向上。对做了好事的青少年,在黑板报、光荣榜上表扬,或敲锣打鼓到学校祝贺。对青少年一般性的缺点错误不是进行简单的训斥,而是帮助他们从思想上分清是非、荣耻。对犯有严重错误或失足的青少年,居委会成立了帮教小组,实行分工包人,重点帮教。对青少年生活上的困难,居委会想法帮助解决。

2. 积极安排待业青年就业。对一时安置不了的待业青年,除在居委会办的 11 个生产、服务摊点安排一部分外,还组织这些青年在街道干一些临时性的服务工作。去年以来,居委会地区 94 名待业青年,已经全部安排了正式或临时工作。

3. 安排丰富多彩的文化娱乐活动。居委会办起了图书馆,买了电视机。节假日还和厂俱乐部配合,举办故事会、灯谜、游艺等文娱活动。代营食堂也准备了小画书、象棋等,供就餐的青少年在饭后阅读和玩耍。为了加强待业青年的学习,居委会办了一所青年夜校,每星期利用 5 个晚上,组织待业青年学习政治、语文、数学等课程。

4. 说服家长正确教育子女。这个居委会开展了"五好家庭"活动,把教育好子女作为其中一个条件,定期进行评比讨论。对一些溺爱、袒护或打骂子女的家长,居委会上门帮助,教育他们正确对待子女。

5. 主动争取社会各方面的支持。为了办好青年夜校,居委会聘请了几位中学老师和干部。这些同志不辞辛劳,坚持长期业余为青少年讲课。公安和司法部门经常根据居委会反映的青少年的思想情况,有针对性地到街道对青少年进行法制教育。有关工厂、学校,也经常和居委会互通情况,共同加强对青少年的教育。

【选自《人民日报》1979 年 11 月 10 日】

北京市新街口南大街居委会
努力挽救有违法行为的青少年

北京市西城区新街口南大街居委会，认真教育挽救违法犯罪青少年，取得良好效果。31名有违法犯罪行为的青少年中，已有28名有不同程度的转变。

居委会的同志认为，青少年能否健康成长，与家长的教育方法有直接关系。居委会召集家长开会，共同商讨如何教育好子女的问题，并经常了解他们管教子女的情况，协助解决管教中遇到的问题。在这个居委会管界内的19名有一般违法行为的青少年中，由于家长管教方法的改进而转变好了的有17名。

在加强思想教育的同时，居委会积极安排有违法行为的青少年参加生产劳动，使他们有活干，有收入，有人管。前段时间，居委会为6名有违法行为的青年和3名解除劳教、强劳后无业的青年安排了职业，其中5名安排在存车处，4名安排在生产组，效果都很好，没有一个继续犯罪。有个待业青年，从上小学就表现不好，后来自动退学，与社会上的流氓混在一起，打架，偷东西，在外过夜。过去虽然经常找他谈话，但好一阵，坏一阵，反复很大。今年4月，居委会把他安排在存车处工作，每月收入30元，并指定专人对他进行帮助教育，他转变很快。这个过去打起架来就不顾一切的人，有一次和一个人发生争执，挨了打，却没有还手。7月中旬，他在存车处附近捡到一个提包，内有半导体收音机一台、手表一块，还有几百元的存折和几十元现金。他一直在存车处等着，直到失主来找时，问明情况，如数交还，失主非常感激。他还经常帮助街道清垃圾，做好事。群众反映："这孩子可真是学好了。"他的家长常对人说："要不是居委会尽力挽救，我这孩子早就劳改去了！"

【选自《人民日报》1979年11月15日】

济南市共青团路街道引导青少年走正路
保障社会治安①

　　山东省济南市共青团路街道办事处抓紧对青少年的教育,积极引导有违法犯罪行为的青少年走正路,取得显著成果。

　　共青团路街道有闲散的青少年 268 人。由于前些年林彪、"四人帮"极"左"路线的毒害,部分青少年走上了邪路,有的结帮成伙,打架斗殴;有的掏包行窃,流窜作案;有的游来逛去,聚众肇事,严重地危害了社会治安。

　　为了促进安定团结的局面,搞好社会治安,从今年 4 月以来,共青团路街道办事处党总支狠抓了对青少年的管理教育。从办事处到所属各居民委员会,普遍建立了加强青少年教育的领导小组。街道干部、派出所民警、退休职工、居民代表共同配合,努力做好青少年的教育工作,特别是对一些有违法犯罪行为的青少年努力做好转化工作。有一个青年从小染上了偷摸的恶习,不少人认为这孩子是"出了窑的砖,定型了"。街道办事处党总支委托永南居委会的治安委员、退休老工人金延文去做他的工作。金延文老大爷对这个青年不嫌弃,不厌恶,跟他交朋友,同他一起学习,一起参加公益劳动、治安执勤、文娱活动,并深入他家里,说服他的家长对孩子既不要溺爱娇惯,也不要动辄打骂,使孩子感到家庭的温暖。在金延文耐心热情的帮助教育下,这个青年转变了,坏人来勾引他去作案,他敢于当面顶回,并主动向居委会揭发坏人坏事。他还积极帮助年老体弱的人买粮、运煤、担水,受到群众的赞扬。

　　这个街道办事处还经常对青少年进行形势教育、理想前途教育和社会主义道德风尚的教育,使广大青少年关心国家大事,看清祖国四化建设的美好前景,树立正确的人生观。最近,这个办事处又结合整顿社会秩序,大张旗鼓地进行法制教育,对 14 名有违法行为的青少年进行重点帮助。通过教育,有些违法青少年主动检讨了自己的错误,并且还勇敢地检举揭发社会上一些违法犯罪分子的严重罪行,割断同这些犯罪分子的联系。

---

　　① 原文标题为《引导青少年走正路 保障社会治安》。

　　这个街道办事处在抓紧青少年的思想教育的同时，还注意把青少年们组织起来参加劳动，发挥青少年在四化建设中的作用。全街道建立了4个学习、劳动基点，组织闲散青少年参加力所能及的劳动，按每人的实际劳动情况给予报酬。此外，还组织青少年在街道生产厂、组参加劳动。这也有效地防止了坏人对青少年的腐蚀和拉拢。

【选自《人民日报》1979 年 11 月 19 日】

西宁市北大街各治保会积极维护社会治安

　　西宁市北大街公安派出所重视发挥街道治安保卫委员会的作用,有效地防止了各类刑事案件和治安灾害事故的发生。今年以来,这个派出所辖区的10个居民委员会,有8个居委会没发生一起刑事案件和治安灾害事故。

　　北大街派出所辖区是西宁市的闹市中心,人口集中,社会情况复杂。粉碎"四人帮"以后,全区10个居民委员会都先后恢复和建立了治安保卫委员会组织。治保会在维护社会治安、保卫四化建设方面,发挥了重要作用。

　　居民委员会治保会组织群众巡逻,积极做好防特、防盗、防火、防治安灾害事故的四防工作。各治保会对本管区的自然地理、人员居住等情况,进行了认真的调查研究。全区已形成一支有200多人参加的治保队伍,坚持日夜巡逻,控制重点人员,发现隐患便采取适当防范措施,及时消除不安全因素。饮马街居民区有三分之二的住户是双职工。为了保证双职工安心工作,治保会实行了重点防护,至今没有发生任何事故,受到了双职工们的赞扬。

　　各治保会在公安干警的配合下,积极做好违法青少年的教育工作。他们对全区33名曾有违法犯罪行为的青少年的情况进行了认真调查,然后组织了帮教小组,区分情况,对症下药,逐个耐心地做说服教育工作。经过帮助教育,有22名失足青少年有不同程度的转变。

　　勤学巷有一个青年,在坏人引诱下,经常偷摸、打架,他父亲知道后,对他又打又骂,不给饭吃,甚至用锁链锁起来,他仍然恶习不改。今年以来,帮教小组一方面说服家长正确教育子女,一方面多次找本人谈心,耐心启发教育,终于使这个青年不仅改正了恶习,还能积极参加街道的巡逻工作,协助治保会搞好社会治安。治保会的同志还经常深入街道、居民家庭、公共场所,向群众进行提高革命警惕和遵守国家政策、法令的宣传教育,并组织居民学习宪法和法律。

　　今年以来,北大街派出所还在10个治保会中开展了以预防犯罪为主要内容的"治安流动红旗"竞赛活动,在居民中间开展了"团结互助工作好,教育子女学习好,提高警惕防范好,遵守法纪行为好,街道活动带头好"的五好家庭活动,初步形成了一个家家关心社会治安、人人维护社会治安的局面。

　　　　　　　　　　　　　　　　【选自《人民日报》1979年11月25日】

太原市南城区居委会在教育
青少年健康成长中发挥重要作用①

太原市南城区五一东路居委会热情关怀青少年健康成长。这条街道已经12年没有发生青少年犯罪现象。

五一东路是太原市一条比较繁华的街道,东临太原火车站,西靠市中心五一广场及全市最大的商场——五一百货大楼。住在这条街上的300多户居民中,有280多户是双职工住户。青少年占全街道居民的四分之一以上。为了做好青少年的教育工作,居委会的干部积极开展适合青少年特点的各种有益活动。这个居委会办有幼儿园、学龄前儿童教育站、课外儿童辅导组、街道青年读书班。居委会利用这些阵地,针对青少年接受新思想快、求知欲强、好学上进的特点,开展读书、看电视、看戏、讲故事、赛诗、赛儿歌以及请老干部、老红军、模范人物作报告等多种形式的活动,培养青少年爱国家、爱劳动、懂礼貌、守纪律、大公无私等良好思想和品质。八号院有个孩子,因为父母都上班,没有更多的时间教育他,他沾染了骂人的坏习气。居委会把这个孩子组织到课外儿童辅导组,教他读《雷锋的故事》等书刊,启发他向雷锋学习。这个孩子懂得了骂人不好,改掉了骂人的习气,还常常主动帮助烈军属打水扫地,配合大人维护社会治安。有一次,电视里演播了批评一个儿童坐电车不买票的故事,居委会干部就组织孩子们讨论:“这种行为对不对?”孩子们七嘴八舌说:“这是沾公家的便宜”“这是捣乱社会秩序”。后来四号院的杜银和姚二平两个小朋友在街上捡到26元钱,有人叫他们买糖吃,他们说,“我们不学电视里那个不买票的孩子,不能沾公家和别人的便宜”。他们跑到居委会,如数地把捡到的钱交出来。

这个居委会的干部还经常对青少年进行遵纪守法的教育。她们在学生放假期间,或者发现青少年当中有什么犯罪苗头的时候,总是把工作做在前头,组织青少年学习有关法律条文,请派出所的同志来讲案例,使青少年懂得什么

---

① 原文标题为《居委会在教育青少年健康成长中发挥重要作用》。

是犯罪,什么是英雄行为,什么是守法。有一次,居委会干部发现一个小偷教唆一个孩子做坏事,她们就配合家长教育孩子,并积极与有关部门联系,打击处理了那个教唆犯。

这个居委会的干部在教育青少年的同时,组织青少年参加力所能及的劳动,积极安置待业青年就业。学生在放假期间,居委会把学生们组织起来,一边复习功课,一边参加一些劳动。她们组织小学生给烈军属打煤糕、抬烧土、担水,或者拣废钢铁、到公共场所做好事等;组织中学生到厂矿企业做临时工。她们这个做法已经坚持 20 多年了。最近几年,又把这个做法推广到待业青年身上,不让一个青少年闲散在家,遛街走巷,沾染坏习气。今年以来,这个居委会根据安置待业青年的精神,主动与有关部门联系,把待业青年全部安置就业,包括对一些身体有缺陷、不好安排的待业青年也做了妥善的安置。

五一东路居委会认真做青少年教育工作的事迹,受到了太原市有关部门的表扬。这条街附近的几个中学和小学都喜欢招收五一东路的孩子们入学。居委会主任杜兰秀大娘今年被全国妇联命名为"三八红旗手"。

【选自《人民日报》1979 年 11 月 27 日】

福州市南街街道广开门路安排闲散待业青年①

福州市南街街道大力加强街道青年工作,引导青年健康成长。

这个街道地处福州闹市区。由于林彪、"四人帮"的干扰破坏,有些青年染上坏习气,诸如什么讲义气结肝胆,闹事打群架,有的甚至走上犯罪道路,弄得左邻右舍不得安宁。街道党团组织一边积极加强思想教育工作,一边广开门路,安排闲散待业青年就业。目前,这个街道在原有企业的基础上,又办起街道医疗站、服务站、托儿所,代为群众炖饭、烧开水、买煤等,还办了许多街道和居委会工业厂(场)。据统计,到 10 月底全街道 760 多名闲散待业青年已有95％当了正式工或临时工。这个街道安民居委会原有 2 个长期闲散在家的男青年,整天在社会上惹是生非,结肝胆打群架,连父母也无法管教。街道团总支和有关单位配合,把这 2 个青年介绍到居委会办的油印场做工,并加强思想教育,及时表扬他们的点滴进步,终于使这两个青年转变过来。他们的父母高兴地说:"过去他们游手好闲,惹是生非,我们做父母的整天操心。现在团组织和居委会白天组织他们搞生产,晚上帮助他们学文化,孩子生活有了条理,还帮助家里搞家务,真是完全变了样。"

【选自《人民日报》1979 年 11 月 30 日】

---

① 原文标题为《广开门路安排闲散待业青年 福州市南街街道青年工作做得好》。

上海市治保积极分子配合公安机关同犯罪行为作斗争^①

活跃在上海市各街道里弄的广大治保积极分子,主动维护社会治安秩序,坚持和违法犯罪行为作斗争,成为公安机关维护治安的坚强后盾。

上海市各街道里弄共有治保积极分子 14 万多人,大部分是退休工人、里弄干部,也有家庭妇女、在职职工和高中学生。他们长年累月坚持在街道里弄日夜值班巡逻。许多人在同犯罪分子作斗争中,表现出了不畏强暴,机智勇敢的大无畏精神。

杨浦区平凉街道耀华居民委员会,地处商业闹市区,治安情况比较复杂。这里的治保积极分子坚持开展白天安全值日和夜间巡逻活动。今年以来,制止了流氓阿飞殴斗事件多起,还协助公安机关打击刑事犯罪分子,做出了突出成绩。平凉街道办事处总结推广了这个居委会的经验,现在全街道 15 个居委会普遍组织了以治保积极分子为核心的群众治安队,进行值班巡逻。各居委会还和所在地区的企事业单位的治保组织密切协作,使这一带的社会治安情况显著好转,今年 1 至 10 月,刑事案件比去年同期下降了 45%。

南市区斜桥街道三门峡里弄治保会主任金香姣,一贯热心于治保工作,一些流氓分子因此经常对她威胁恐吓,将她住房的玻璃窗敲碎或往她屋内丢石子,但金香姣毫不畏惧。不久前她得到群众报告,说有一伙流氓分子正在附近持刀拦路抢劫,她马上打电话通知派出所,自己也随即赶赴现场,和民警一起,抓获了 3 名罪犯。

许多治保积极分子还配合公安干警,积极耐心地做违法青少年的教育工作。卢湾区打浦街道鲁班治保会对本里弄违法青少年的情况逐个进行了调查研究,对其中有一般违法行为的青少年,强调由家长、里弄干部、治保人员共同关心教育;对有严重违法行为的青少年则由治保委员亲自管教。年过 70 岁的治保主任傅连宝,经常把这些青少年找到自己家里,做细致的教育工作。目前,有违法行为的青少年中已有半数以上停止了违法活动;7 名有严重违法行

---

① 原文标题为《配合公安机关同犯罪行为作斗争　上海治保积极分子维护社会治安有功》。

为的青少年中,5名已经改邪归正。有个待业青年,因犯有持械斗殴和一贯赌博等错误,曾被公安机关2次拘留,后来他被安排到一个工厂劳动,又因为偷窃活动被开除出厂。对这样的青年,治保积极分子仍然坚持以正面教育为主,同时注意到他生活上的困难,主动与附近一家工厂联系,给他重新安排了工作,这个青年非常感动,表示要重新做人。他检举揭发了一个盗窃集团,从而使公安机关查破积案15起。

【选自《人民日报》1979年12月10日】

无锡市李家浜居委会解决青年实际问题①

　　无锡市李家浜居民委员会在抓青年教育的过程中,发现有些待业青年20出头了,还依靠父母解决吃饭问题和其他费用。他们没有事做,成天在外面游荡,遇到坏人教唆,就有可能干些坏事。为此,这个居委会的几位领导干部不顾年老体弱,东奔西走,帮助这些青年解决实际问题。他们在东风毛纺厂、第二毛纺厂、外贸公司等单位的大力支持和帮助下,在街道上办起了剪羊毛、剥豆瓣小组,并办起了织补工场和老虎灶,先后收留了30名待分配青年,占居委会中这类青少年的90%以上。居委会还安排一些退休老工人对这些青年进行社会主义法制教育,讲革命前途和理想。在工资报酬上,坚持与其他副业组人员一样,一般一个月可拿20元左右工资,多的可拿30多元。

　　　　　　　　　　　　　　　　　　【选自《人民日报》1979年12月19日】

---

　　① 原文标题为《李家浜居委会解决青年实际问题》。

《城市街道办事处组织条例》等四个条例、通则即将出版

　　《城市街道办事处组织条例》《城市居民委员会组织条例》《人民调解委员会暂行组织通则》和《治安保卫委员会暂行组织条例》，将由人民出版社汇集出版，下个月即可在全国各地新华书店发行。

　　这次出版的《城市街道办事处组织条例》和《城市居民委员会组织条例》是1954年12月31日第一届全国人民代表大会常务委员会第四次会议通过的。《人民调解委员会暂行组织通则》是1954年2月25日政务院第206次政务会议通过，1954年3月22日政务院公布的。《治安保卫委员会暂行组织条例》是1952年6月27日政务院批准，1952年8月11日由公安部公布的。

　　根据第五届全国人民代表大会常务委员会第十二次会议通过的《关于中华人民共和国建国以来制定的法律、法令效力问题的决议》，一些有关主管部门认为过去颁布过的目前仍然适用的法律、法令和法规，将由人民出版社陆续出版。

【选自《人民日报》1979 年 12 月 27 日】

杭州市上城区勇进街道居民区
办集体所有制企事业情况①

最近,我们到勇进街道了解居民区所办集体所有制企事业的情况,街道分管的领导同志说,居民区办生产加工、生活服务事业好处很多,形势很好。只要加强领导,解放思想,依靠群众,充分发挥居民区的作用,正确处理有关政策,居民区办企事业是大有可为的。

勇进街道共有 20 个居民区。经过几年来的努力,特别是今年以来,遵照党的三中全会精神和省、市、区委的有关指示,居民区集体所有制企事业发展较快,越来越显示出它的好处。目前全街道各居民区共有生产加工组 31 个,生产人员 1328 人,为 40 多个工厂、商业部门加工近 40 种产品。(剔除重复的产品)今年 1 至 11 月加工收入 38.35 万余元,支付工资 27.8 万多元,纯利润积累 4 万多元;居民区办了饮食点心店、代销代购店、修理服务点共 18 个,从业人员 76 人。今年 1 至 11 月营业额 13 万 2000 多元,支付工资 2 万余元,纯利 7300 元。这些生产加工和生活服务事业都比较稳定。

居民区办了企事业,不仅支援了工业生产,方便了群众生活,增加了不少家庭的收入,而且对安置城市待业青年和社会闲散人员,促进社会安定团结,密切党群关系,发挥了积极的作用。今年以来,安排在居民区生产加工组和生活服务事业的待业青年和闲散人员共 500 多人。为了多安排一些人,广大居民干部、退休工人,千方百计,广开门路;有的生产加工组增加班次,一班改两班、两班改三班,集中(生产)改分散。人民路烫衣组,原来生产人员 12 人,在市第一批招工时有 9 名青年报名应考而被录取了,这个加工组一边适时地培训补充人员,一边争取业务,现在增加到 24 人。因为场地较小容纳不了这些人同时生产,他们采取了从早上 6 时到晚上 12 时分三班加工生产,既增加了人又发展了生产。群众比较满意。紫城巷居民区办的加工组发展较快,现在已有 180 多人,先后安排了待业人员 160 多人,本居民区 130 多名待业青年已

---

① 原文标题为《居民区办集体所有制企事业大有可为》。

基本得到安置,还帮助其他居民区安排一部分人。今年 1 至 11 月加工收入 47000 多元,每人每月平均收入 30 余元,最多的 50 多元,最少的也有 20 余元,他们利用本身的积累,依靠各方支援,新建了 130 多平方米的楼房一幢,用来进一步发展生产。街道打算以此为基地,办一个民政工厂,安排一批残疾人员。

勇进街道分管居民区生产加工和生活服务事业的领导同志说,尽管目前遇到的困难较多,特别是房子比较紧张,但是居民区办集体企事业是有广阔前途的。主要方向是挖掘现有企事业的潜力,积极争取各方支援,再发展一些新的项目。比如,羊血弄居民区办的(鞋子)鞋底组,承接的任务是足的,还可以增加班次多安置一些人。另外还可以发展为旅游、出口服务的缎子、丝绒、平绒、绣花拖鞋,这个加工组有这方面的人才,市场也有需要。又如,自力巷皮塑组,生产任务也是有的,因为场地太小受限制,只要把已批准的 78 平方米的厂房抓紧建造好,明年就可争取搞 2 万只袖珍电子计算机皮壳的加工任务,多收入 4 万多元;再如,三桥址的皮毛加工组,加工单位的同志希望这个组多搞一点加工任务以满足市场、外贸的需要,街道如果能帮助这个组改造一下生产场地再设个门市部(具体条件也是具备的),也是有发展前途的。据初步规划,勇进街道各居民区的生产加工组在 1980 年可争取达到 50 万元的加工收入。

勇进街道从实践中体会到进一步巩固提高发展居民区生产加工、生活服务事业是十分必要的。他们分析有利条件,满怀信心,同时也感到还要经过一番艰苦努力和细致的工作。他们认为,当前有几个方面的事情一定要办好:

一是要统一思想认识,以叶副主席国庆讲话为武器,从街道到居民区、企事业单位统一思想认识,明确办好居民区企事业的重要性和必要性。只有思想认识统一,才能步调一致。

二是要同居民区的建设结合起来。过去发展居民区集体企事业主要是靠居民区;今后仍然要扎根于居民区。生产加工组和生活服务事业要有专人管理,每个居民区都要配备一名会计和出纳,企事业单位的经济管理要加强,要给以一定的自主权;居民区可以向加工组和生活服务单位收取一定比例的管理费,用于支付居民区主要干部的生活补贴和居民区的日常费用。这样可以把发展企事业与居民区的经济利益联系起来,也可以解决居民干部逐步更新的问题。

三是要发挥在各居民区的退休干部、退休工人、退休技术人员、退休的原工商业者,以及侨眷等各方面的积极因素。通过召开座谈会等适当的方式,听取他们的意见,发挥他们的专长,鼓励他们办公益事业的积极性。

四是街道干部,特别是领导干部要改进作风。要深入实际,因地制宜,抓住重点,切实帮助解决居民区的生产加工和生活服务事业的一些实际问题,研究解决有关奖励和积累分配等经济政策问题,改变那种集中过多或似管非管的现象。

【选自《上城简报》第 36 期 1979 年 12 月 27 日由杭州市上城区档案馆提供】

杭州市上城区清泰街道对居民区所办
生产加工组和生活服务事业的情况分析①

清泰街道共有 18 个居民区。到目前为止,已办了生产加工组 65 个,生产人员 1157 人。其中今年安排的待业青年和社会闲散人员 569 人,占总人数的 49.1%。今年 1 至 11 月共取得加工收入 31.99 万余元,支付工资 22.88 万余元,积累 2.83 万余元。这些生产加工组为本市 40 多个单位加工产品的品种有近 30 种。

据初步分析,65 个生产加工组,多数是办得好的和比较好的。有些单位还不很稳定,必须引起注意。大体可分四种情况:

1. 生产任务正常,有发展前途,生产人员收入较好,集体有一定积累的有 16 个,占单位总数的 24.7%,人员 610 人,占总人数的 52.7%。例如:城头巷纸品组,给人民、胜利、新华三个印刷厂加工产品的,每月加工收入 4000 余元,每人每月平均收入 25 元左右。据最近新华印刷厂联系业务的同志说,只要再花近万元添置订书机、压平机等一些设备,还可增加一批任务给这个加工组。信余里原 3 个人的一个服装组,今年为了解决"做衣难"的问题,重新给予扩大。现在已花了近 2 万元投资,新增了 40 台电动和脚踏的缝纫机,3 台拷边机,人员已由 3 人发展到 40 多人。明年的任务已同杭州针织厂订了合同,街道打算把该加工组改为工厂,名为"河坊服装厂",开两班,人员可增加到近百人。断河头表带组原来 20 多人,今年因安置待业青年增加到 70 多人。除了老的产品外,又增加了加工新产品,明年的任务已都接下来了。丰禾巷缝纫组,是加工出口产品尼龙帐的,今年一年积累了近万元,明年的任务将比今年增加。

2. 生产任务不是很足,要发展有困难,垮也垮不掉,一般过得去,"吃不饱,饿不死",企业积累少,个人每月收入在 20 至 30 元,这样的单位有 13 个,占单位总数的 20%,人员 204 人,占总人数的 17.68%。这些加工组,有的因为是

---

① 原文标题为《清泰街道对居民区所办生产加工组和生活服务事业的情况分析》。

加工单位的老户头,一直维持在原有水平,生产任务既不少给,也不多给,平平稳稳过日子。如义井巷塑料组共 26 人,为杭州塑料制品厂加工一些老产品,几年来就是那么个老样子。有的单位原来任务较足,可以发展,因为加工单位全民办集体,顶多只能维持现状,就算照顾"百子"了。

3.加工任务不稳定,有活就干,无活就散,个人收入较低(20 元以下),基本上没有集体积累的有 27 个,占单位总数的 41.6%人员 285 人,占总人数的24.6%。这些单位大部分是属于分散加工的,如串书、糊纸袋、缝手套口、洗纱头、烤山核桃等等。

4.基本上没有加工任务,处于有名无实,剩下空样子的有 9 个单位,占单位总数的 13.7%,人员 58 人,占总人数的 5.1%。这些单位多数是"三老":老加工组(办了多年)、老人员(年老的多)、老产品。由于形势的变化,不能创新,自然淘汰。如:卷板(棉布店卷布用的木纸板)、山袜(山区农民穿的布袜)、裱料,等等。这些加工组的产品都因为被其他产品代替了,加工任务基本上没有了。像这些撤不了、扶不起的单位,街道也只能给它挂个名算了。

以上情况说明,居民区兴办的生产加工组多数是比较稳固的,而且确有一些组办得较好,有点欣欣向荣的景象,遇到这样那样的新问题也不少,但也并不奇怪。当前遇到的新问题是加工组青年人多了,而流动性也大了,技术力量、骨干力量都不能保持相对的稳定性和连续性,给生产带来一定的困难。每遇招工、招生、招兵,总要牵动一大部分青年人。这从整体来说,固然是好事,但对居民区的加工组来说,也是件麻烦事,常常要考虑如何重新组合的问题。清泰街道的同志已看到了这个问题,正在考虑研究如何解决这种新情况。

【选自《上城简报》第 37 期 1979 年 12 月 27 日由杭州市上城区档案馆提供】

兰州市街道集体企业蓬勃发展

最近，兰州市有关部门对全市集体所有制的小企业做了一次调查，结果说明：这些规模很小、设备简陋，以往不被人重视的街道小集体企业，管理井井有条，生产蒸蒸日上。据兰州市四个区的不完全统计，小集体企业已发展到364家，其中工业生产去年总产值达到3190多万元，占这四个区工业总产值的14.7％。

最近荣获了全国"三八"红旗集体的兰州市城关区火车站油脂化工厂，生产润滑油、电木粉、胶木件等20多种质量很好的化工产品，最近又试制成功了新型建筑材料钙塑，填补了省里的空白。

【选自《人民日报》1979年12月28日】

杭州市上城区更生巷居民区 1979 年总结①

　　党的十一届三中全会和五届人大二次会议决定从今年起把全党全国的工作着重点转移到社会主义现代化建设上来。现在我们的任务,就是团结全国各族人民,调动一切积极因素,同心同力,鼓足干劲,力争上游,多快好省地建设现代化的社会主义强国。叶副主席在庆祝中华人民共和国成立三十周年大会上的讲话中指出:四个现代化的建设是当前最大的政治。国家的巩固、社会的安定、人民物质文化生活的改善,最终都取决于现代化建设的成功,取决于生产的发展。我们的一切工作,都要围绕现代化建设这个中心,为这个中心服务。我居民区全体干部、群众,通过反复学习、讨论,认识到居民区的每一项工作牵涉千家万户,都直接、间接关系到四化建设,居民区工作在四化建设中占着十分重要的地位,而安排好四化建设必须加强党的领导,只有坚持党的领导,才能保证我们政治路线、思想路线和组织路线的统一,工作效率才能提高。干部、群众认识提高了,方向明确了,迸发出一致向四化进军的热流,在上级党委、居委会统一领导下齐心协力、团结战斗,从而使我们的居民区各项工作和全国一样也取得了可喜的成绩,总结一年来的收获如下。

　　居委会始终把政治学习作为头等大事来抓,坚持每星期二、五下午学习,从不间断,重要会议随时召开,坚持点名和签到制度,并及时动员待业青年和新退休工人参加学习。

　　在法治宣传月中出了四期黑板报,并在学习会上对刑法、刑事诉讼法逐条宣读,结合我居民区实际情况以及报载有关指导进行解释、讨论,使参加学习人员易于听取、理解。

　　通过法治宣传月活动,我们还要进一步搞好青少年教育。这是当前迫切需要的政治任务,是关系到安定团结、四化建设能否顺利进行的重大问题。"两熊"案件、"六三〇"案件的严正判决,无不拍手称快,法律面前人人平等,也体会到必须教育青少年坚持"四项基本原则",把个人理想、前途同四化建设紧

---

　　①　原文标题为《更生巷居民区 1979 年总结》。

密联系起来,要教育青少年正确认识到处理民主和集中、民主和法制、自由和纪律的关系,自觉遵守社会主义法制,教育青少年要依靠和动员社会各方面的力量,要重视家庭教育,做父母的要关怀自己子女健康成长,对子女溺爱、骄纵袒护,只能使青少年走上违法犯罪的道路。我居民区缸儿巷46号有两户人家为了一点生活小事引起口角,继而动武,父母、子女相继参与。后经居民干部向肇事双方严肃指出:殴打是侵犯人权,构成犯罪,刑法已有规定,如再发展下去,后果各自负责。法律的威严使他们平息下来。法制宣传月以来我居民区没有发现其他违法乱纪行为,绝大多数待业青年已分配工作的,做到安心工作,未分配工作的,有的参加"五七"加工组,有的做临时工,在家的认真备课准备报考,展现了安定团结的局面。

我们广大干部充分发动群众,轮流检查四防,每逢节日,外宾来杭做好保卫工作,对来路不明的人随时与派出所联系进行摸底了解,发现青少年有不正当行为及时教育,已有3个青年向好的方向转化,认真做好户口核对及临时户口申报制度,几年来我居民区未发生火警,由于干部群众夜间巡逻认真负责,把一时无人认领的2辆三轮车、1辆自行车送到派出所待领。居民干部不分昼夜,甚至顾不上吃饭,哪里有纠纷就到哪里去调解。一年内通过调解解决纠纷5次。

对烈军属除了节日慰问以外,还经常组织力量为烈军属搞卫生。五保户盛河水患半身瘫痪,饮食起居不能自理,居民干部及时送他到医院治疗并日夜护理,直至陪送进福利院为止。

我们对青少年校外辅导工作也不放松,利用暑假组织青少年看电视、阅读报纸、参加公判大会或收看公判大会实况电视。

一年以来,我居民区对党中央有关爱国卫生的指示,采取学习会上宣讲、讨论与上门宣传相结合,做到家喻户晓,深入人心。居民干部带头搞好卫生,在群众中树立卫生样板,并与消毒员配合组织卫生骨干队伍经常督促、定期检查、帮助各墙门订立卫生公约、分配包干、轮流打扫,帮助双职工户和年老体弱户搞好卫生,促使居民群众养成卫生习惯,检查、不检查同样搞,室内卫生与环境卫生同样搞。由于采取了以上措施,一年来每月检查整洁户都达到95%以上,一年内我居民区新建五层大楼7幢,另外皮塑公司、百货批发部等建筑工地虽不属我居民区,但交通大队准许它们在我居民区堆放建筑材料和废土,到处出现马路仓库,汽车往返装卸不但灰尘漫天飞扬,建筑材料运走后往往无人清理场地,我居民区卫生骨干队伍不厌其烦地经常会同有关部门先后清除路边碎砖乱石 30 卡车,巷内无主垃圾 20 多小车,使小巷保持整洁。专人负责全居民区井水消毒,不管区查、自查都合乎卫生要求,发动家家户户采取多种措施,使蚊蝇密度显著下降,一年内毒死和捕杀老鼠 196 只,臭虫基本上消灭。配合卫生院做好妇女普查和儿童保健工作,我居民区接到卫生院通知后,立即按户访问、动员,使适龄妇女、儿童及时得到普查和注射防疫针,一年以来没有发生传染病。

计划生育方面我们把鼓励一胎、控制二胎、杜绝三胎作为主要任务抓,加强宣传,上门访问,将省委关于计划生育若干问题的规定,深入人心,贯彻执行,使全居民区生育率符合达到 100%,晚婚、晚孕率都到达 100%,并且 8 年来没有出现第三胎,29 名育龄妇女采取了绝育手术,38 个独生子女中有 20 个领到了光荣证。

关于安置待业青年方面,在街道党委正确领导和有关单位大力协助下,也取得了一些成绩。首先做到上门访问、按户摸底,对整个居民区待业青年进行分类排队,然后做好思想动员工作,组织待业青年参加政治学习,认真学习了中共和省市委对安置待业青年的有关文件,待业青年深受感动,纷纷表示:前几年受到林彪、"四人帮"的毒害,没有好好读书,20 多岁将近 30 来岁的人还要依赖父母生活,努力学习政治、文化,把前几年没有好好读书的损失夺回来。几个月来待业青年都能按时参加政治学习,听到街道举办文化补习班,踊跃报名,没有报名的在家认真自学,也有参加裁剪培训班,迫切要求学习技术,为四化建设做好准备。目前到处游荡的青年已经少见,闹事、打群架的情况不再发生,做家长的能安下心来参加生产,大大改变了治安环境,促进安定团结。

我居民区 1978 年原有修补衣服、蚊帐,染发,洗衣,修鞋,代销棒冰,代售牛奶,点心店,代销糕团等相继停业。剩下几个服务项目中,以修补衣服、蚊帐,代售牛奶为主,大多由退休工人、家庭妇女、闲散人员组成。后来又承接了吴山路修配商店、红峰针织厂等单位业务。踏背心、缝边羊毛衫等尽量安排待业青年做,曾临时安置一个待业青年参加"五七"加工组工作。截至目前,我居民区待业青年中除了自找门路、顶职、招工、参军、升学、参加街道运输队的以外,还有 1 人没有安置工作,占全部待业青年人数(85 人)的 1.17%。

我居民区经营的修补衣服、蚊帐业务系"修旧利废",业务琐碎,一笔生意少则只有五分、一角,多则也不过几角钱,而且修补类型多样,补个袖口、补个脚、屁股,换个领头、换只袋、大改小、小改大……样样都有,并有淡旺季,业务量忽高忽低。代售牛奶手续费很低，每瓶只三厘①，牛奶厂每晨三点半就送牛奶来，受理人员工作很辛苦，但为了方便群众，我们还是坚持做下去。由于坚持了勤俭办一切事业的方针，在人员使用、费用开支上做到精打细算，尽管地方很小，收入不高，人员不多，一年净利润仍达 1100 元。与兄弟居民区的经营情况和所得利润相比，实在微不足道。与 1978 年比较，利润减少 970 元，降低46.9%，但我们完全有信心，只要房屋有着落，经过自己的努力，1980 年的利润一定能够大幅度增长。

一年内我居民区取得了以上成绩，但也有不够的地方。如居民干部配备不齐，在 7 个小组中 3 个小组没有小组长。现有干部大多年老体弱，我居民区一年内新建五层大楼 7 幢，增加住户近百户。谢麻子巷机械研究新大楼建成后，还将增加住户，上门做工作感到力不从心，几个主要干部往往身兼数职，感到顾此失彼，选拔年纪比较轻、身体比较好的退休工人充实骨干队伍已经刻不容缓。我居民区在安置待业青年中虽做了不少工作，也做过一系列设想和建议，特别在解决房屋问题上做过一番努力，终因房屋不能解决，扩充业务受到很大限制，以致由我居民区自己安置的待业青年比重不高，为了有利于青少年的健康成长，有利于增加集体积累，支援四化，除要进一步开动脑筋、多想办法，依靠群众，献计献策，千方百计挖掘房屋潜力，广开门路，扩大业务范围，继续安置待业青年外，还要配合学校、家长充实青少年科技文体活动，加强平时教育，争取在 20 世纪 80 年代第一年中取得更大的成绩，为四化建设做出应有的贡献。

【由杭州市上城区档案馆提供】

---

① 厘：计量单位，10 厘为 1 分。——编者注

1980

杭州市上城区东文巷居委会发展集体经济积极安置待业青年做好居民区各项工作①

去年 6 月，街道贯彻省委工作会议精神，要求我们广开门路安置和组织青年学习、劳动。我们居民区组织干部进行了学习讨论，广大干部通过学习一致认识到安排好青年劳动、学习是关系到促进社会安定团结的一件大事，也是一件有利于青年的健康成长，有利于方便城市人民生活，密切党、政府和人民群众的事情，必须全力以赴，把这件大事办好。

要办好这件大事，困难是不少的，原有绒线加工组由于青年进出频繁技术掌握不好，生产质量差，厂方有意见。如果再安排几名青年进去，就会影响原有人员的收入，要开办新的业务吗？ 既无门路，又无资金，更无房子，但广大居民认识到门路虽少，困难虽大，只要大家齐心协力，有决心总可以闯出路子来。广大干部说干就干，首先克服怕吃亏思想，决心把绒线加工小组让给兄弟居民区，安排了几名青年进去。同时全体居民干部走访居民寻门路，在摸索情况的过程中，发现杭州日报的折页子小组任务充足，我们主动上门请求支援，接下了折页的任务。有了生产内容，没有场地，干部就去居民区协商借用空隙地方，如东方巷 19 号土特产公司职工宿舍门楼下有块空地，征求门内 11 户住户的同意借来作为折页场地，加工组成立后，困难还是不少。有些青年特别是男青年认为做这工作，没名气，心思静不下来。有的青年又担心收入少，也不那么起劲，我们干部认识到组织待业青年劳动，不光是为了搞点收入，而更重要的是使他们受到教育，所以我们逐个对他们进行教育，使青年们认识到目前我们国家还比较困难，教育青年要自觉分担国家的困难，工作不要挑精选肥。另外，我们认真安排好劳动内容，在页子较少的时候，让青年们加工一些自行车零件，使每个青年收入每月不少于 15 元。最近我们为减少纸页车运上的损坏，把 2 名女青年介绍到杭报里面集中劳动，使她们不受家务牵连，有足够时间从事劳动，12 月份收入每人增加到 20 余元。

---

① 原文标题为《发展集体经济积极安置待业青年做好居民区各项工作》。

去年 12 月我们发现市场上年画与年历片供应比较紧张,官巷口地属闹市,却没有一家供应这类货物的书店,因此有些人趁机抬价。组织一些待业青年采购一些年历片供应市场,这样既可活跃市场,又可安排一批待业青年,但真心要办好这件事情,困难还是不少的。一是资源困难,目前这批货物只有西湖书店和书画社供应,而西湖书店是一家集体所有制企业,他们为了抓利润,保自身,不可能把大量的年历片交给我们发售。二是资金困难,我们去进年画时,要一手交钱一手提货,钱少了,货进不多,货进少了,安排青年就不多。三是经济工作青年是否做得好? 出了差错怎么办? 这些困难都是客观存在的,但为了安置好待业青年,促进安定团结,我们还是千方百计克服困难,把这个工作干起来,对于货源我们大力争取有关单位的支持。通过熟人先后与新华书店、书画社、城站新华书店联系,得到他们的支持,特别是杭州书画社为了增加我们待业青年的收入,以 9 折供应我们年画(一般书店是 95%),而且表示可以保证供应。社会的支持增强了我们的信心,接着我们着手解决资金上的困难。开始我们向街道汇报党委很重视,并同意借我们 2000 元作为资金,但我们想困难还是居委会内部自己来解决,于是把售月票的一笔积余 600 元移来作为资金,以减少对街道的压力。600 块钱的数目是微小,用这笔钱去进货的话最多只能进 3000 张年画,经济上的收益为数极微。为了克服这一弱点,我们得到了有关书店的支持,一天进几次货,做到勤进货,快推销,把 600 元变作 1200 元、1800 元,用居民干部和青年的劳力加速了资金的周转代销。年画这件事办起来了,我们设了三个点,有时四个点,先后安置了 8 个青年,由于居委会一般人的团结战斗,青年们辛勤劳动,在短短的一个月时间里,8 个青年每人收入约有 30 元,供应年画 48255 张,资金额达 13000 余元,活跃了市场,也增加了居民区的收入,约得 600 余元,1979 年加工费的收入为 902163 元,较 1978 年增长 32%。

一年来由于干部齐心协力,在各方面的大力支持下,全居民区待业青年 92 人,其中 1976 届 43 人,1977 届 22 人,1978 届 20 人,闲散 5 人,劳改释放 1 人,到 12 月底止已安排了 86 人,正式招为固定工的 39 人,参军 3 人。自我门路做临时工的 29 人,在街道劳动服务站 1 人,街道工厂 1 人,参加居民区加工小组 9 人,代售月票 4 人,共 86 人,占安置待业青年总人数的 94.5%。至今尚未安置的尚有 6 人,除残废闲散为 1 人,1976 届以前 2 人,1977 届 1 人,1978 届 1 人。这些青年得到了合理安排,促进了我居民区的安定团结,解除了职工的后顾之忧,也改善了部分居民的生活。有个女青年没有工作做时,在家坐不住,喜欢走邻居,老奶奶很着急,怕惹是非,现在有了工作,心定下来了,再也不跑了,老奶奶也高兴了。有个青年年纪大了,用点零用钱也要问父母,心里很不是滋味。自从参加了工组的工作后,用上了自己的钱,非常愉快,后来自己找到临时工做,还主动来征求居委会意见。

加强对青少年的政治思想教育工作是当前一项重大政治任务,我们遵照毛主席说的,青年是整个社会力量中一部分最积极、最有生气的力量和政治工作,各个部门都要负责任地教导。我们这次安置待业青年设摊供应年画,先后安置了8个青年。我们为了不让他们整日游荡在街头,在经济上有点收入,更要使青年思想觉悟有提高,因此我们非常注重对青年的思想教育,防止资产阶级思想的腐蚀。一次我们居民干部在摊上巡回,发现有的青年看到出售的年历片质量比较高,价格比较便宜,购置的人比较多,就擅自提高价格,我们就耐心地和他们谈心,使他们自觉抵制资产阶级思想的侵蚀,维护消费者的利益。又有一次发现有个青年结账时缺少了4元钱。我们分析不是工作上的差错,而是思想上的漏洞,为此我们约他到居民干部家里谈心,当时向他指出,4块钱是小事,思想上沾染恶习是大事。青年应该从小培养自己的共产主义道德品质。为了使青年有个认识过程,我们让他回家再把账算算看,想想看,使青年有个回转余地。由于我们加强政治思想教育以及严肃批评和过细的思想工作,第二天一早,青年送回了3元多钱,说是有个同学顾客购货物忘记算进去了,我们认为这是这个青年改正缺点的表现。事后我们也就这些方面进一步重视了对青年的思想教育。为了广大青年受到深刻教育,我们组织青年听刑法辅导报告,到会参加听报告人数占应参加总人数的90%以上。

一年来我居民区在街道党委的领导下,通过全体居民干部和革命群众的努力,在互助储蓄工作上取得了一些成绩,今年1至11月份共储蓄6944元,参加储金户数为320户,实现满堂红,平均每户储金为21.7元,既为国家积聚资金,有力支援了四化建设,又为合理安排居民生活做出了应有的贡献。为了搞好1980年互助储金转存、另存、整取工作,我们在学习会上发动群众进行宣传和动员,进一步做好存储工作,在20世纪80年代创造优异成绩。

我们居民区在广积粮活动中,由于我们抓紧了宣传和发动工作,整个居民区广积粮的工作稳步提高,并有了新的发展。1978年底全居民区储粮户为174户,存到粮站的粮票为4224斤,到1979年底增加到207户,6805斤,平均每户储粮为32.88斤。参加储粮的居民占总户数的66%,比1978年12月底储粮数量增加61.1%。为了进一步搞好广积粮的工作,我们要抓好宣传发动后的工作,加强艰苦朴素勤俭节约优良传统的教育,为落实毛主席号召,广积粮,不称霸和备战备荒为人民立新功。

我们居民区地属闹市,周围多为中心要道。杭州是游览胜地,是开放城市,内外宾来杭游览越来越多,接待外宾任务,更为繁重。对我们治保干部来说,做好治安保卫工作是光荣责任。去年在公安派出所指导下,积极维护社会治安,加强对青少年的思想教育,促进安定团结,使居民区的治安保卫工作有了新的面貌。一年中没有发生火警等事故,没有发生政治案件,打架、投机贩卖情况也没有出现,为居民职工安心生产创造了有利条件。全体干部做到分工不分家,不管本身工作多忙,都主动抽出时间共同搞好治安保卫工作,坚持节日夜间巡逻,积极做好四防工作,广泛发动革命群众,开展防火为主的安全宣传和检查,每天晚饭后分组串门走户,提醒群众注意炉火,关闭门户,发现不符合安全规定的,能解决的及时解决,有困难的随时反映有关单位共同想办法,通过贯彻持之以恒的防火检查制度,没有发生火警事故。

居民区是生活的场地,生产的后方,不仅有对敌的斗争,而且还有大量的人民内部之间的矛盾,工作实践证明,对于人民内部的矛盾,必须从团结愿望出发,经过批评与自我批评,使矛盾得到解决,促进安定团结的大好形势。居民区经常会发生一些争吵,我们居民干部碰到这类纠纷,总感到头痛,认为难处理,但认识到调解这种纠纷是搞好安定团结的一个具体措施,这些矛盾虽小,但处理不及时,或处理不当的话,会影响社会秩序,所以居委会治保调解干部对居民区发生这类事情都及时认真进行处理。如东方巷21号有一家姓顾的女儿与一个姓张的谈恋爱,家长有意见,责骂女儿,阻止他们来往,并扬言要打断女儿的脚骨等,造成女儿离开家里跑到男方家住宿,家长上门去索人,使双方家长的关系越来越紧张,最后发展到动武,男方告状到居民区,要求调解,居委会的干部为了不使事态扩大,会同街道妇联同时参加进行调解,双方平心静气地摆事实讲道理,在事实面前统一认识,在团结愿望的基础上母爱女敬,最后由男方把她送回去,直到现在和睦共处,双方都能安心工作。

居民干部的力量不断得到充实提高,我们新老干部团结战斗一条心,新充实的卫生副主任陈松林同志经常串门访户,为居民除虫灭蚊喷洒搞卫生,使我居民区的整洁户达到90%以上,公共环境卫生面貌保持清洁无废土堆积。

为了伟大的转变,加速实现四个现代化建设,严格控制人口增长,妇女主任方秀娟同志一心一意踏踏实实在居民区里做好计划生育工作,我居民区今年1至11月出生一胎3个,二胎4个,出生率达6.14‰,二胎都符合间隔率,节育率 95％,自然增长率为 1.4％,晚婚率为 100％。

一年来虽然做了些工作,取得了一点成绩,但存在不少问题,如对青年政治思想教育还做得不够,组织青年学习不能持之以恒。干部参加学习虽从不间断,但参加人数比充实干部时下降,这主要是居民区抓得不紧,听之任之,没有及时做好思想工作,卫生战线充实了力量,加强了战斗力,但主要干部抓得不紧,因此卫生水平有所下降,组与组之间各项工作发展不够平衡,有待今后纠正。

在新的一年里,我们继续要搞好一班人的团结,因为要做好居民区各项工作,一班人的团结是个关键。因此,我们更需要加强革命团结,把居民工作做得更好,要加强对青年的思想教育,把历届毕业生组织起来制订学习计划,定期学习制度,使青年不断提高思想觉悟。为了进一步做好安置待业青年工作,积极发展集体经济,把尚未安排好的 6 名青年(除 1 名残废),在第一季度内全部安排好,达到人人有事做,促进大好形势的发展。

我们虽然做了以上这些工作,但与兄弟居民区相比,我们还是做得不够。我们要虚心向兄弟单位学习,我们一定戒骄戒躁,谦虚谨慎,在街道党委的正确领导下,在新的一年里,更加朝气蓬勃地带领群众团结战斗,把居民区各项工作做得更好,为四个现代化做出更大的贡献!

东文巷居委会

1980 年 1 月 20 日

【由杭州市上城区档案馆提供】

佳木斯市永红区居委会兴办集体服务网点①

　　黑龙江省佳木斯市永红区有 34 个居委会在市郊工厂区,这里有 97％的居民是双职工。以前,这里没有生活服务网点,居民们吃早饭、孩子入托无法解决,买个酱油、醋或针头线脑,也得跑上几里路。近几年来,这个居委会本着为群众解除后顾之忧的精神,组织群众自己动手,先后创办了小食店、托儿所、商业代销店、服装加工等服务网点。这些服务网点,近三年来上缴利润 24000 多元。

【选自《人民日报》1980 年 2 月 19 日】

---

① 　原文标题为《居委会兴办集体服务网点》。

包头市东河区第五街道居委会热心为居民服务①

曾荣获全国"三八"红旗集体称号的包头市东河区第五街道居委会,热心为居民解除后顾之忧,被誉为街道上的"家务所"。

这个街道有 480 多户,2500 多口人,大部分是双职工家庭。为了帮助这些职工解决做饭、洗衣和看孩子等生活上的困难,居委会组织一些家务劳动比较少的家庭妇女,办起了托儿所、食堂、副食店以及洗衣、缝纫、燃煤等服务点。

过去,这个居委会有 30 多个双职工的孩子没人看管,托儿所成立后,孩子们得到了很好的照顾。

各个服务点的工作人员每天忙个不闲,为居民们洗衣、拆被、缝补、腌菜、储菜、买煤。食堂的炊事员从早上 5 点钟开始就为居民炸油条、蒸馒头花卷、烙煎饼、做米饭面条等。

居委会除兴办生活服务点外,还帮助家庭有困难的职工解决生活困难。铁路二中教师李凤嗥因公出差,爱人又在外地工作,家里的三个孩子年纪小,无人照管。居委会就组织妇女帮助料理家务,照顾孩子。退休工人李世鸿和他的老伴因病长年卧床不起,夏穿单、冬穿棉,一日三餐食堂和缝纫组的同志都及时做好送上门去。

【选自《人民日报》1980 年 2 月 25 日】

---

① 　原文标题为《街道上的"家务所"　包头市东河区第五街道居委会热心为居民服务》。

清江市环城居委会妥善处理民事纠纷①

江苏省清江市闸口公社环城居委会,从 1973 年调整领导班子以来,先后调解了 151 起民事纠纷,有力地促进了居民的团结。

环城居委会地处清江市的闹市区,人口集中,社会情况复杂。居民中常因小孩斗殴、环境卫生、砌房盖屋、养鸡养鸭等问题引起这样那样的纠纷。每当居民中发生矛盾和纠纷,环城居委会的同志总是千方百计,把矛盾解决在基层。几年来,他们在处理民事纠纷方面积累了一些经验。

做深入细致的思想政治工作,促使矛盾转化。居民中出现的纠纷,往往"公说公有理,婆说婆有理",各执一面之词,互不相让。遇到这种局面,居委会干部不偏听偏信,不主观臆断,而是重证据,重调查研究,努力获取第一手材料,然后着手处理。前年夏天,居民吴国义和庄云龙因为一只鸡发生了纠纷,两家打了起来。吴国义 83 岁的祖母当场被吓昏过去,倒在地上。吴家硬说是被庄家打的,要求庄家承担责任。庄家则说没有打,现场的居民说法也不一致。居委会主任张秀英连夜带领居委会干部到群众中做深入调查,经过四天四夜,先后召开了三次群众会,走访了 200 多位居民,终于弄清了庄云龙参与打架,有错误,但确实未打吴国义的祖母。老人经过积极抢救也转危为安。经过调解,两家各自做了自我批评,从而妥善地处理了两家的纠纷。

坚持原则,按照党的方针政策办事。这个居委会的居民,有的是地、市有关部门领导干部,也有的是居委会干部的亲朋好友。在对待民事纠纷这个问题上,他们做到对上级领导不偏袒,对亲戚朋友不徇情,遇事一视同仁,秉公处理。永红巷 12 号居民王继远和徐文秀是紧邻,两家为了在堂屋中间砌一道间隔墙的事,发生了争执。居委会干部在处理两家争执时,并没有因为王继远的亲戚是公社的一位副书记而有所偏袒。他们多次到现场勘测地形,反复丈量,考虑到两家的实际情况和使用方便,公平合理地做出了裁决,砌的间隔墙符合双方利益。还有一次,红卫街有两户居民为了一块院墙的地基产生纠葛,其中

---

① 原文标题为《清江市环城居委会积极开展工作　耐心说理妥善处理民事纠纷》。

一户是市委某部门的负责干部,他认为居委会解决不了他的问题,坚持要让政法部门或市有关单位来处理。居委会觉得,能够在基层解决的问题决不要上交,他们坚决按照党性原则办事,把这桩棘手的纠纷彻底解决了。

抓住苗头,把矛盾解决在萌芽阶段。环城居委会的干部常说,对待居民中的纠纷,绝不能头痛医头,脚痛医脚,等到问题闹大了再去处理。他们平时注意掌握居民的思想动态,遇有纠纷的苗头出现时,总是把工作做在前头。有两户居民因盖房子产生了矛盾,其中一户多占用了对方几十厘米地皮,矛盾逐步恶化。两户都组织了力量,准备决一胜负。调解主任吴应鸿和治保主任韩家龙及时登门做这两家人的思想工作,找两户户主促膝谈心,终于使他们在互让的基础上取得了谅解,避免了一场严重冲突。

环城居委会不断提高调解人员的政策、法律水平,组织他们努力学习政策、法律,还采取多种形式对广大居民进行法制宣传,并在居民中开展"遵纪守法模范户"的活动。由于采取了这些切合实际的措施,该居委会的民事纠纷事件,由 1976 年的 30 起,下降到 1979 年的 9 起,并且没有发生过一起刑事案件和治安灾害事故。

【选自《人民日报》1980 年 2 月 28 日】

丹东市振兴区举办安置教育待业青年展览会①

　　辽宁丹东市振兴区革命委员会于 1 月 15 日至 25 日举办了"全区广开就业门路安置教育城镇待业青年工作展览会"。

　　这次展览会展出了区劳动服务公司和五年来街道办事处劳动服务站安置的 2029 名待业青年生产出来的 212 种、547 件产品,以及待业青年从事劳动服务的 146 张照片。展品琳琅满目,充分反映了待业青年由待业转为就业,由消费者变成生产者所取得的丰硕成果以及青年们在思想品德方面的巨大进步。

　　展览会受到了广大观众的好评,并进一步提高了社会各方面对安置待业青年工作的认识。观众说:"过去不知道待业青年们的作用,参观展览以后知道了待业青年能创造这么多产品,真是一件大好事。"驻区市属企业的领导说:"支持街道办工业,下放生产品种,安置待业青年是我们大厂应尽的责任。"

【选自《劳动工作》1980 年第 4 期】

---

　　① 　原文标题为《安置教育待业青年展览会》。

兰州市街道工业调查报告^①

这里所谈的"小集体"企业,是指城市街道中劳动群众自觉组织起来,自力更生创办的生产性和生活服务性厂(组),它不要国家投资,职工和劳动工资不纳入国家计划,但它却为国家为人民造福,成为城市经济生活中一支不可忽视的力量。

兰州市群众性的"小集体"企业,是在兰州市生产发展和经济结构变化中产生的。它大体有三个发展时期:当我国生产资料所有制的社会主义改造基本完成以后,随着工业生产的大发展,1958 年前后,一批街道"小集体"企业雨后春笋般地发展了起来,这是兰州市"小集体"企业发展的第一个时期。现在这些企业经过不断发展、调整,大都转为"大集体"或者合并为地方国营企业。20 世纪 60 年代以来,经过党的调整、巩固、充实、提高八字方针的贯彻执行,一系列大中型国营企业建立和发展起来了,随着生产社会化程度的提高,专业化和协作的加强,以及就业面的扩大,群众性的"小集体"企业,又进入了一个发展时期。现在它们中的不少企业已经站稳脚跟成长起来。据兰州市近郊 4 个区 38 个街道的不完全统计,这一时期发展起来的"小集体"企业共有 164 个,它们的产品包括机械、农机、化工、电器、冶金、建材、纺织、木器、皮革、被服等各种门类,很多产品畅销市场,有的还填补了省、市缺门。1978 年这些"小集体"完成工业总产值 3194 万元,为这四区工业总产值的 14.7%。主要产品 200 多种,有 100 多种纳入国家计划。企业积累达到 1332 万多元。历年来给国家财税部门和上级主管部门上缴的各种税金、管理费等,累计达 451 万多元。第三个时期是 1979 年春季以来,在党中央解决城镇就业问题的号召下,又迅速发展起来了一批"小集体"企业。3 至 9 月,全市已组织了生产与生活方面的建筑、搬运、维修、缝补、加工等 30 多个项目的厂、组、队、店共 232 个,安置了 34000 多待业人员就业。各区、各街道都组织了劳动服务公司(站),作为"小集体"性质的企业管理机构,统筹解决就业问题。兰州市这些不断发展

---

① 原文标题为《生机勃勃的"小集体"企业——兰州市街道工业调查》。

起来的群众性集体所有制企业,犹如城市经济建设中的一支"地方军""游击队",在促进工业生产、组织经济生活、安排待业人员等方面具有很大潜力。

这些"小集体"企业蓬勃兴起、逐步发展的事实,充分说明它是具有客观必然性的。首先,整个社会是一个十分庞大、纷繁复杂的大系统,如果人为地用单一的、垄断性的经济结构和形式包揽千差万别、瞬息万变的社会生产和社会需要,势必形成一种阻力和惰性,妨碍社会生产力的飞速发展,影响人民生活不断提高的需要。30年来,随着经济结构和所有制形式的变化带来生产和市场的兴衰起落的事实,已充分反映了这个问题。其次,从工业内部来看,工业现代化的发展趋势,不是"大而全",而是"小而精",是专业化,而专业化是社会分工越来越细的必然趋势。这是向生产深度和广度进军的必然要求。这种专业化生产,就需要一批规模较小,生产比较单一的小厂来承担。正像列宁指出的,专业化过程把产品的各种加工过程彼此分离开来,创立了越来越多的工业部门。此外,生产的社会化又必然带来消费方式的社会化,一方面要求建立更多更好的社会服务事业,另一方面又促进社会劳动力的不断解放,大批家庭妇女和社会闲散人员就可以得到就业。正是适应着上述这些客观需要,遍布市区街道的"小集体"企业应运而生了。

发展"小集体"企业,这在我国具体条件下,更具现实意义。我国是一个小生产占优势,经济落后和人口众多的国家。建国30年来,虽然经济建设有了很大发展,但总的来看,大型的具有现代化装备的企业只占很少数,引进现代化的技术设备也不可能遍地开花。许多企业还是二三十年前的技术装备,半机械化,甚至手工劳动还大量存在。至于广大农村差别更大,情况更为复杂。在这个基础上搞社会主义现代化建设,必须建立和发展多种形式的社会主义公有制经济,采取大中小并举,机械化、半机械化、自动化、半自动化和手工劳动并举的方针。不仅要建设一大批采用世界先进技术装备的大中型国营企业,作为国民经济的骨干,同时,也要大力发展采用半机械化和手工劳动的集体经济的小企业。"小集体"企业由于技术装备较差,机械化水平较低,因地制宜,小型多样,土生土长,适应性强,花钱少,见效快,并且便于为大工业协作配套,为大工业提供零部件、原材料,消化大工业的边角料和废物废渣,与大工业在生产过程中相辅相成,互相促进,同时,也能容纳较多的劳动力,从而能充分利用人力物力资源,为现代化建设和人民生活服务。所以"小集体"企业是适合我国特点的一种经济组织,是和当前生产力水平相适应,能促进生产力发展的一种形式。特别是从目前劳动就业的情况看,"小集体"企业更是大有作为。

我国人口多，劳动力资源非常丰富，由于"四人帮"的干扰破坏，多年来大批待业人员无法就业，问题十分突出。本来是创造财富的劳动力，却变成了闲散的成员，有的甚至成了社会上的消极因素，"四化"的阻力。两次大规模调整国民经济的经验教训一再告诉我们，在解决就业问题上，那种企图让全民所有制经济全部包下来的想法和做法，是不实际的也是不可能的。因此，这种群众性的自力更生、自负盈亏、因地制宜、因陋就简的"小集体"企业，就成了大量吸收社会待业人员的广阔场所。这里有不少待开发的处女地，可以把劳动力资源的经济价值发挥出来，并且化阻力为动力，为社会造福。许多街道劳动服务站不仅为待业人员找到工作，解决他们的生活出路问题，而且更重视对待业青年进行政治思想、遵纪守法教育和文化科学、生产技能的培养，努力端正他们的思想，开发他们的智力，成为"四化"建设的有用人才。可见，大力发展"小集体"企业，从社会主义经济发展和社会安定来看，都是客观形势的迫切需要。

多年来，由于林彪、"四人帮"极"左"路线的毒害，形成了一种错误观点，不管条件如何，一味地认为公有化程度越高，优越性就越大。在这种思想的指导下，有的区就把一些生产好、盈利大、管理强的"小集体"择优升级，过渡为"大集体"，提高了"身份"，待遇和国营企业基本上相同了。本来想以此促进这些企业的发展，而结果适得其反，不但没有促进企业的发展，反而后退了，下降了。兰州市西固区福利路橡胶厂，原是"小集体"企业，主要生产自行车外胎，管理井井有条，生产蒸蒸日上，是该区街道工业中拔尖的，但自 1975 年升为"大集体"后，隶属区管理，派去了干部。管理体制变了，管理方法也变了，供产销纳入了国家计划。谁知这一变，生产却发生了相反的变化。1978 年与 1974年相比，全员劳动生产率下降了 5.3%；产品合格率下降了 2%，今年上半年又下降了 21%；利润率下降了 4.28%。还有个自行车修理厂，作为"小集体"时不亏不盈，能够独立维持生产，但 1976 年转为"大集体"后，区上投资 3 万元，1978 年亏损 5 万元，1979 年又贷款 1 万元，而头三个月的工资无法按时发。这两个厂生产下降的主要原因，就是变成"大集体"后，出现了吃"大锅饭"，依赖国家，向上伸手的问题。派去的国家干部有的不安心工作，使整个企业经营管理混乱。再以这个区三种不同企业相比，1978 年区属国营企业的资金利润率是 4%，区属"大集体"企业的资金利润率是 6%，而街道"小集体"企业的资金利润率则达 14%。1978 年以前各年度的情况也大体相当。从这些实际情况里，当然不可能得出"小集体"必然优于"大集体"，"大集体"必然优于国营企业的结论，但也确实能够反映出"小集体"企业有它自身的优点，能够较好地适应社会主义客观经济规律的要求。因此,社会主义公有制各种形式的优越性,不能单纯从公有化程度的高低和管理级别的高低来判断,而应从它是否促进生产力发展及促进作用的大小来判断。从我国现阶段生产关系的状况和生产力水平出发,可以肯定地说:"小集体"企业不仅应该与"大集体"企业、国营企业共同存在,而且应该共同发展。但是,"小集体"企业的重要地位、作用和优越性至今还没有得到一部分同志应有的认识,那种所谓"只有全民企业是社会主义的,集体企业是半社会主义的,支持了集体企业就会助长资本主义"的错误观点的影响依然存在,以至在具体政策上设置了不少条条框框,束缚了它的发展,诸如上级部门向"小集体"收的税金、管理费较高,又规定了统一的较低的工资、劳保、福利、口粮等标准。这种单纯以行政手段管理经济的做法,不仅使"小集体"企业受到压抑和歧视,而且还造成了"小集体"企业生产资料所有权和支配权的部分分离,影响了企业优越性的充分发挥。我们应该按照客观经济规律的要求,认真清除束缚"小集体"企业的各种框框,给予积极支持,让它们的优越性充分显示出来,并得到进一步的发展。

今天,我们在调整国民经济,摸索中国式现代化建设经验的时候,这些蓬勃发展的"小集体"企业,是可以有所借鉴的。

一、实行自负盈亏,从物质利益方面更直接地体现了劳动者的主人地位

"小集体"企业的生产资料,包括它们拥有的设备、厂房等,一部分靠自己的积累购置,一部分则是职工亲手制作的。它完全由企业职工集体所有,由他们支配和使用。这种所有制形式,决定了"小集体"企业实行自负盈亏的经营管理办法;职工个人消费品的分配,必然实行"按劳分配",不能搞平均主义。这样,企业职工就与生产资料紧密地结合在一起,成为企业生产资料真正的直接的主人。

按照马克思主义观点,人类的生产活动,归根到底就是为了追求物质利益,社会主义经济应该建立在对劳动者个人利益的关心上面。"小集体"企业由于自负盈亏和"按劳分配",企业经营得好坏与企业本身和职工的物质利益息息相关,从而使企业职工十分注意企业集体物质利益和个人物质利益的实现。企业办得越好,对国家贡献越大,产生的盈利越多,企业集体和职工个人得到的物质利益也就越多;企业办得不好,则相反。这样不断满足和提高企业与职工的物质利益,就成为企业不断发展的经济动力。在企业发展的过程中,

劳动者的物质利益不断提高,生产资料集体所有制的实现也就越完全,劳动者作为生产资料主人的地位体现得也就越充分。恩格斯说过"每一个社会的经济关系首先是作为利益表现出来"(恩格斯:《论住宅问题》)。事实正是如此,"小集体"企业这种所有制关系的实际情况,使我们看到,生产资料所有制关系,从根本上讲是物质利益关系。正因为"小集体"企业的职工,在对生产资料的所有、支配、特别是产品分配所表现的物质利益等方面比较全面地体现出主人翁地位,他们的生产积极性高,经济责任感强,人人严守岗位,个个讲究效率竭力促进生产的发展。实践证明,只有劳动者能切身体会到他是生产资料的真正主人,劳动者才能表现出极大的生产积极性来。

由于自负盈亏,"小集体"企业十分重视经济效果和经济核算,以保证物质利益的实现和提高。为此,他们建立了切实的、严格的经营管理制度,诸如定额管理、班组核算、质量检验、材料消耗,以及工资、奖罚、考勤、群众监督等等。这些制度是在生产实践中为了妥善解决人与物、人与人的关系,由职工和管理人员共同商讨制定的,并为实践证明是提高经济效率的,所以很自然地受到职工的维护,形成一种自觉的责任制。这些经营管理制度的实施,促进企业不断地增加产量,提高质量,降低成本,扩大积累,增加福利。如七里河区西站农机配件厂,管理制度比较完善,他们19种农机配件产品的产量三年间增长了6倍,项目合格率达到97.2%,是全省同行业的第一名,成本也逐步降低,1979年第一季度比去年同期下降了3%,积累已增加到60多万元,不仅职工的医疗费全包了起来,而且还修了洗澡堂、托儿所,办了理发室,从1974年到1978年给国家上缴税金和管理费达20多万元。在经济利益的驱使下,"小集体"企业艰苦奋斗,厉行节约,想方设法地减少消耗,降低费用,多年来养成了勤俭办厂的风尚。如城关区鼓楼巷被服厂,精打细算,节约开支,1978年一年的办公费仅花6元钱。这种经营作风,是社会主义经济建设和经营管理的一项要求。

二、坚持以销定产,适应市场供求变化的需要

"小集体"企业与国营企业、"大集体"企业以及"小集体"企业之间的关系是一种商品交换的关系。由于它的产品大部分或全部不受国家计划指标的控制,所以它的产品一出厂,就进入了商品市场的范围,受市场经济的制约。马克思主义告诉我们,价值规律是商品经济的普遍规律,凡是进行商品生产和商品交换,必然要受价值规律的支配。在社会主义条件下,价值规律的作用不仅促使社会生产和社会需要不断平衡,以调整好供求关系,同时也促使每个生产

单位以社会必要劳动量为尺度，不断提高生产效率，努力把自己的产品劳动消耗降低到社会必要劳动消耗以下，以实现盈利。兰州市不少"小集体"企业正是在价值规律的这种作用下发展起来的。火车站油脂化工厂十分注意调查市场供求情况，从市场需要出发，及时调整生产方向，生产对路产品。这个厂在1966年建厂初期，只是收集废油，提炼机油和润滑油，这些产品是当时的畅销品。后来社会上搞废油再生的厂子多了，废油来源减少，再生油的销路也缩小了。在这种情况下，他们从调查市场情况中了解到电表电器行业特别需要的电木粉，往往供不应求，是短线产品。于是他们便决定生产电木粉，很快试制成功，大量投产。并主动与用户协作，办起了胶木件加工车间，生产电表盒等胶木件，充分供应全市仪表电器企业使用。去年他们又了解到钙塑是国家急需的一种新型合成建筑材料，可以代替木料和水泥，在省内是个空白。于是他们又反复试制成功了钙塑材料，今年投产，已与建筑企业签订了生产钙塑门窗的产销合同。他们在试制生产电木粉和钙塑产品的过程中，积极应用新技术，把学习和改进结合起来，实现技术革新和工艺改革十余项，从而提高了生产效率，降低了产品的劳动消耗，使自己产品的必要劳动时间低于社会同类产品的必要劳动时间，获得较多的盈利，同时也达到了质量标准，确保了产品的使用价值，深得用户满意。还有贡元巷街道橡胶厂，也是个善于利用市场供求变化的"晴雨表"，及时转产或开辟新的生产门路的"小集体"企业。这个厂的前身是个只有六个人的补胎门市部，1971年试制成功全省的缺门产品活络三角带，产量迅速上升，1977年就达到了全省的需要量。在这之前他们已觉察到随着机械的定型和设备的标准化、通用化，活络三角带的用量势必减少，销量也要下降。于是他们又研究改进，拿下了本省另一种缺门产品传动带，1978年产量达到13万平方米，占全省需要量的三分之一。正当活络三角带的销量开始下降时，新产品又上来了，整个厂子仍然生机勃勃。

从许多"小集体"企业的发展过程可以看出，它们的产品产量一开始并不是国家下达指令性计划确定的，而是依市场供求变化，在价值规律的左右下，在产销关系不断变化的环境中，经过多次波折和斗争才决定下来。试制成功，打开销路，得到市场的检验和承认后，才站住了脚，得到有关部门的认可，下达一定的供产销指标，有的纳入了省和区、市计划。这样发展起来的厂子，不但在国民经济中起着填平补缺的作用，而且富有竞争性。列宁关于"自由竞争是资本主义和一般商品生产的基本特性"（列宁《帝国主义是资本主义的最高阶段》）的论述告诉我们，在社会主义商品生产和商品流通过程中，竞争的规律也在客观地发挥着作用。许多"小集体"企业也是在竞争规律的作用下不断前进的。兰州市仅有的两个布制童鞋厂都是"小集体"企业,为了扩大销路,提高盈利,他们两家既互相学习,又互相竞争,他们的产品在市场上的竞争不仅表现为商品价值量的较量,而且表现为商品花色、品种、规格、质量等使用价值的较量,消费者将鉴别比较它们的优劣,择优选购。那种质地优良,花色、试样新颖的童鞋,首先得到销售,差的就销售得慢,甚至积压。这种竞争就推动他们两家想方设法创制满足消费者需要的童鞋,并促使他们不断加强经济核算,改善经营管理,提高生产效率,从而带动了整个企业的发展。当然这种竞争是在社会主义公有制条件下进行的,它不存在你死我活的利害冲突,这与资本主义私人占有制条件下的竞争性质是完全不同的。

三、有较多的自主权

企业的经营自主权是企业发挥主动性积极性的保证。现实经济生活表明,"小集体"企业与"大集体"企业,特别是与国营企业相比,有较多的自主权。它的定型产品是在价值规律的左右下创造出来的,产量主要是按销售需要和有关部门的计划制定的,它的生产资料大都是自己购置创造的,因此,可以自主地更新设备,处理生产资料,它的财务基本上实行独立的经济核算,自负盈亏,不是一切开支上面发,一切收入向上缴,它可以用自己的积累追加投资,进行扩大再生产;根据生产需要,基本上可以自己招聘技术工人,而不是由劳动部门下达指标;它的产品除国家包销的外,可以自产自销,它的原材料也可以自由选购;在它内部可以根据需要自立规章,等等。"小集体"企业正是具有这些自主权、独立性,所以它的活力大、发展快,能动性和适应性强,从而也就主动地保证了企业本身和职工个人物质利益的实现和不断提高,调动了整个企业和职工的积极性。

"小集体"企业的自主权来源于两个方面。一方面因为它是在街道基层政权管理下的民办企业,规模小、设备差、技术低、不"正规",上级计划和管理部门对它统得不死,管得不严。即便有些产品纳入了省、区、市的有关计划,但就企业本身来说,国家计划对它不完全是指令性的。同时这些民办小企业要自负盈亏,不抓生产就无法生存,所以,以往受政治运动风浪的干扰比较少。这些情况就从客观上为"小集体"企业独立自主地发展提供了方便条件。另一方面,这种劳动群众集体所有制企业,是独立的商品生产单位。它生产的目的很明确,一投产就进行着为了满足一定社会需要的商品生产,它与其他部门、单位或消费者的关系是商品交换关系。它具有独立的经济权益,实行"自负盈亏"的原则,千方百计提高经营效率,为扩大自己的经济效益而努力。"小集体"企业的这种所有制形式,它的地位、性质和作用,就决定了它在社会主义原则指导下在国家政策允许的范围内,具有相对的独立性和较多的自主权。否则它就不能适应市场经济、价值规律的需要,不能保证独立的经济利益,也就失去了自身存在的内部条件。

"小集体"企业是社会主义性质的企业,它的独立性、自主权,不会导致其像资本主义企业那样盲目地发展。它生产是为了满足国家和人民的需要,为了使用价值,因此它的自主权的经济效果,是对国家对人民做了贡献,尽了义务,这在本质上与国家整体利益是一致的。因此,"小集体"企业很容易接受国家统一计划的指导,也只有自觉地按社会主义原则,按国家政策办事,自主权才能发挥得更充分,企业办得更好,对社会的贡献也就越大。

"小集体"企业已经以它特有的生命力和优越性存在于社会主义经济之中。我们要走中国式的现代化道路,要研究社会主义经济的构成和经济管理体制改革问题,不能不将"小集体"企业提上日程,从实践和理论的结合上加以探讨。可以设想,随着调整、改革、整顿、提高八字方针的贯彻执行,它必将得到一个大的发展。那种认为发展"小集体"企业是"右倾""倒退"的观点,已被实践证明是完全错误的。

【选自《兰州学刊》1980年第1期】

上海市街道工业调查报告

(一)

街道工业是我们通常所称的"小集体"工业,它不包括已经上升为区、局领导的"大集体"工厂和新建的合作社。也不包括郊县的镇、社、队办的工厂企业。

上海街道工业分布范围很广。有冶炼、机械、电子仪表、纺织、服装、针织、工艺美术、日用小商品等各种行业。1979 年,上海街道工业共有 1029 户,232452 人,总产值达到 37340 万元,全年盈利 9366 万元,上缴国家税收 5710 万元。街道集体工业已经成为整个上海工业一个不可缺少的重要组成部分。

上海街道工业企业规模小,人员资金调度方便,因而能以灵活多样的方式开展经营活动,显示出旺盛的生命力。目前主要的经营方式有下列五种:①来料加工。②自产自销。③全民、集体合营(联办)。④双进销(购销)。⑤接受外商加工、订货。由于经营活动灵活多样,因而发展迅速。从 1965 年到 1979 年,街道工业总产值从 5600 万元增加到 37340 万元,14 年内增加了五倍半以上。

20 多年来,上海街道工业在人员结构上,已经改变了 1958 年初办时期以职工家属、家庭妇女为主的状况,据 1979 年 6 月底统计,由街道安排的知识青年已占 60% 以上。

在技术装备上,现在也有了一定的改善。初办时,几乎没有生产设备。目前,上海街道工业已拥有各种金属切削机床 3349 台,各种锻压设备 1684 台,相当于 1952 年上海全市工业金属切削机床和锻压设备拥有量的三分之二。

在生产结构上,已经改变了创办初期单一加工生产的状况。街道工业一般都是在为大工业加工的基础上发展起来的。粉碎"四人帮"后,按照"填缺门补短线"的原则,开始建立一些日用工业品以及仪表、电子产品的生产,发展速度很快。

在企业规模上,也在逐渐扩大。据 1978 年统计,全市 500～999 人的企业有 16 户,300～499 人的企业有 127 户,100～299 人的企业有 777 户,99 人以下的企业有 1293 户,平均每个单位有 110 人。1979 年以来,为进一步组织专业化协作创造条件,又按行业梳辫子,将行业相同或相近的生产、加工单位合并,到目前为止,已合并成 1029 个街道工厂,平均每个单位有 220 人左右。

职工的工资福利待遇也有了一定的提高。在创办初期相当一段时间内许多人是义务劳动。后来采用 6、7、8 角的日工资形式,现在已改为月工资。老职工月工资为 33 元、36 元、39 元、42 元 4 种,个别突出好的还可得 45 元。上山下乡 5 年以上按政策批准回沪参加街道工业的知青,月工资一般为 36 元,少数 39 元,个别 42 元。上山下乡 2 至 5 年的 33～39 元,知识青年进厂满三年的 33～39 元,一般 36 元。其他新进人员按学徒待遇,即第一年 18 元,第二年 23 元,第三年 26 元。最初街道工厂也没有奖金,现在每人每月按 2.5 元。少数单位生产任务足,收入高的试行超产奖、利润提成奖,每人每月 5 元左右。最近又规定,奖金水平全市不作统一规定。各单位的奖金要同生产经营好坏密切地结合起来,利润多的奖金可多些,利润少就少些,亏本的不发奖,但每年奖金的总额不超过两个月基本工资的数额。

在劳保福利上,现在实行了职工公费医疗制度,职工年老还享受退休退职待遇。

(二)

为大工业服务,当好大工业的配角,弥补大工业的不足,满足国民经济发展和对外贸易的需要,为提高人民生活水平服务,是上海街道工业最基本的特点。具体表现在以下几个方面:

第一,在专业协作的基础上为全民所有制大工业加工产品,成了上海街道工业最基本的形式。1979 年,为大工业加工的产值达 23977.69 万元,占上海街道工业总产值的 64%。加工单位的生产对全民所有制企业起着很大的作用。例如上海市出口的小电珠大部分是在街道工厂加工生产的,在服装、针织品出口中加工的比重也很大。据 1979 年 6 月统计,上海街道工业为全市 25 个局、60 个公司的 2000 多家工厂加工,形式多样,范围很广,有产品、零部件、工序加工等,既有粗制的小零碎小商品,也有比较高级、精密的产品。随着技术力量的逐渐形成,现在重点已由过去简单手工加工逐步向复杂加工发展,如手表装配、集成电路加工等,机械电子工业加工的比重已占整个加工的 51%。

第二,承接大工业的下放产品。如徐汇区永加仪表厂接下的上海无线电十八厂下放的两种继电器的生产任务,后来在此基础上发展品种、提高质量,产品运销国内外,1979 年产值达 376 万元,利润达 72.8 万元。在上海街道工业中这一类企业由于产品的生产比较定型,销售稳定,一般都办得较好,对国家的贡献也比较大。

第三,根据市场需要,生产短线产品,以填补大工业的缺口。据统计,上海街道工业在 1978 年一年就试制和生产了 184 种新产品、新品种和市场短线产品。其中日用产品 77 种,文教用品 15 种,家用电器 15 种,仪表仪器 27 种,医疗器械 8 种,工矿配件 42 种,满足了市场需要。

第四,利用大工业的边角余料,发展小商品和工艺美术品生产。最近在上海街道工业产品展览会上展出的 145 种民间工艺品中,有 115 个品种是利用大工业的边角余料制成的。如普陀区曹杨工艺美术品厂利用工厂剩余的红木条子,加工制成精巧的工艺美术品出口,把原来烧掉的工业废料变成了宝贵的外销产品,很受外商欢迎。日用小商品生产的情况也是这样。上海街道工业积极发展这种生产,赚取外汇,满足市场需要,既不与大工业争原料,又能做到物尽其用,收到更好的经济效果。

第五,为大工业修旧利废。据统计,1979 年上海街道工业修旧利废的产值达 1980.83 万元。如虹口区不少街道根据社会需要,积极地发展修旧利废服务项目,办起了修理汽车、马达、冷冻机、缝纫机、扩大机等的工厂和门市部。再如,虹口区欧阳淘铜五金厂专门为大工业处理有色金属垃圾,从 1960 年办厂以来,处理工业垃圾 27323 吨,从中提炼出各种有色金属共 8867.866 吨,价值一千多万元。

第六,迅速发展外贸产品。近几年来,上海街道工业外贸产品的发展较快,1979 年外贸产品的产值达 6829.51 万元,比 1978 年增加了 127% 左右。虹口区街道工业 1979 年一年新办了 4 家生产外贸产品的工厂,从筹建到投产,最短的不到一个月,最长的也不到三个月,4 家工厂年产值可达 1000 万元,又为国家创外汇 300 多万美元。现在上海街道工业承接的国外来料加工和补偿贸易有 8 个项目,如羊毛衫、胸罩、金属表带、电子开关、麻将、服装等。为了扩大出口,最近市有关部门在外贸单位配合下,选了七个区十个点,腾出厂房 14528 平方米,安排 25 条"流水线",规划年产 400 万件衬衫,可创外汇 1000 万美元以上。

上海街道工业在积累建设资金、创外汇和安排劳动就业上也做出了重要贡献,由于它具有投资少、收效快、积累多的优点,有些企业一年获得的利润,就能收回建厂的全部投资,甚至一家厂一年就变为几家厂。上海街道工业不仅自力更生积累了自身发展所需要的资金,而且直接向国家提供了更多的建设资金。仅 1979 年,上海街道工业就向国家上缴税金 5710 万元,上缴主管机关、地方财政的利润 3656 万元,对加速"四化"建设起了重要作用。

在创外汇方面,仅以八个单位加工的小电珠一个项目来看,1977 年就换汇 300 万美元,1978 年又创汇达 400 万美元,黄浦区友谊金属表带厂与外商挂钩,搞补偿贸易,只一个车间在 1979 年除补偿额外就换汇 26 万港币。它还便于容纳较多的劳动力,对安排劳动就业起了很大作用。从 1973 年以来,上海街道工业安排待业人员 135377 人,加上顶替街道企业职工退休者的人员,共计 17 万余人。

(三)

目前,上海街道工业存在着以下一些必须正确认识和妥善解决的问题。

1. 从现状出发妥善解决街道工业的所有权和自主权

城市街道工业属于社会主义集体所有制,这是无疑的。但是其所有权究竟属于哪一级集体? 主要是在街道一级,还是在企业? 集体所有制所有权范围的不同,必然会给企业的经营管理带来不同的特点。就我们所了解的情况来看,绝大多数企业是作为街道的一个生产单位,隶属于街道办事处,由街道委派厂长管理,并以街道为单位统负盈亏。所有权基本上是在街道一级,而不是在企业。从现在上海街道工业建立和发展的历史过程来考察,情况也是这样。街道工厂的建立不外以下几种途径:

第一种是由里弄生产组合并升级转化而来的。这种类型占街道工厂相当大的部分。它们已有相当长的时间由街道管理,统负盈亏,所以这一类企业应该认为所有权已是属于街道一级的了。

第二种是里弄生产组上升后再由街道投资扩建的。街道的资金来自统负盈亏的所属生产单位的上缴利润。所以这一类企业的街道所有权的性质比上一类更为明显。

第三种是街道投资创办的新企业。这一类企业的所有权自然应属街道了。

第四种是企业中包含了一部分区的投资。区的资金来自各个街道上缴的利润,它超出了本街道的范围,因此由区投资扩建的企业应属区和街道二级所有。

第五种是国营企业和街道双方合办的企业。这种企业全民和街道都拥有一定的所有权。

综合以上五种情况,可以说,所有权基本上是在街道一级的,只是一小部分企业是属于街道集体与区或全民单位共同所有。

街道一级拥有基本所有权,企业的经营管理权如资金使用、人员调度、招收工人、确定管理干部等也就都决定于街道,经营成果也由街道负责,直接生产单位没有经营管理的自主权,也不承担责任。这种状况不适应我们当前生产力还不发达的水平,也不符合社会主义经济管理的原则,因而影响了街道工业的正常发展并不可避免地产生两个问题:

其一,企业的积极性、主动性不能充分发挥,甚至影响企业生产活动的正常开展。目前,街道工厂都是两级(街道、企业)核算,统负盈亏,企业利润全部上缴,其中10%给街道行政部门作为行政管理费,45%上缴区集体事业管理局,45%上缴街道集体事业组,企业自己无权动用,由街道统收统支,所以企业只有记账的义务,没有理财的权力。利润多了,企业和职工个人没有任何利益可得,有了亏损,也由街道补偿了事。这种"以丰补歉"的做法,实际上是在企业和企业之间搞平均主义。1979年起,虽开始按工资总额的5%从利润中提取的企业基金,但也都要按金额大小上报审批,由街道委派的厂长仅有30元钱的审批权。此外,街道有时不顾企业厂房小、设备少的客观困难,不断送新工人来,甚至把一些精神病患者也派进厂来,有一个厂精神病患者竟有20人。

其二,由行政机构管理生产,造成生产基金和劳动力管理上的紊乱,甚至被不合理地平调,影响街道工业的扩大再生产和职工生活的改善。由于不可能进行精确的经济核算,很容易造成生产资金和劳动力平调挪用。企业上缴的利润,一个局的领导批一个条子,就几万甚至几十万的支出去,而且大多是借了不还。闸北区街道工业积累3800多万元,企业无权动用,但人防费就调用了250万元,区住宅公司借走30万元。南市区修建一座电影院调去72.70万元,修建城隍庙九曲桥动用11.6万元,区住宅公司借筹建费40万元。街道借用人员本来不属企业范围的也从集体企业的资金中支付工资,有时干脆把里弄干部的工资也列入集体企业的福利费支出。街道和区级机关无偿借用街道工厂职工的现象也非常严重。据不完全统计,在街道机关、文化站、少年之家等处工作的,1978年底计有19960人,占街道工业职工人数的6.4%。

　　应该怎样进行改革呢? 最好当然是恢复企业的所有权和自主权。但从现在上海街道工业的实际情况看,街道拥有基本所有权这种状况很难立即改变,很难一下恢复到以前企业所有的集体所有制形式。

　　从现状出发,可以根据企业使用的资产和生产经营情况,以合同的形式,规定每年上缴固定的利润额,而授以企业经营管理的自主权,企业除缴纳国家税收外,不再承担其他经济义务,让企业对内部的人财物有支配权,独立开展供产销活动、自负盈亏,逐步通过自己的积累来改变资产的比重才能实现企业的集体所有制。

　　2. 正确处理生产协作中的全民和集体企业的关系

　　现在委托和接受加工的企业双方在工缴费问题上存在尖锐矛盾,影响了协作关系的进一步发展。这是一个值得深刻注意的重要问题。以往,工缴费的标准是按接受加工的集体单位维持简单再生产需要支付的工资、费用、少量的积累和上缴利润与生产能力来计算的,并非按企业的生产所创造的价值和它们应得的收入计算。这种做法虽然对集体单位的建立是起了作用的,但它只能维持简单再生产,很难积累资金,也无法改善职工待遇,造成现在工人们称之为"吃不饱,饿不死"的状态,影响着集体工业的发展。随着集体企业自己逐渐掌握生产全过程,企业职工也由家庭妇女为主改变为知青为主,迫切需要改善待遇,协作双方在工缴费上的矛盾就愈来愈尖锐了。例如黄浦区海光电珠厂接受上海电子管七厂加工,生产天鹅牌集光电珠产品,在国际市场上供不应求。但去年年底,该厂因为工缴费太低,不愿签订继续加工合同。他们算了一笔账:外贸部门对集光电珠的收购价格是每万只859元,其中原材料成本为329元,剩下的收入为530元。该厂担负全部生产,只得工缴费196元,而电子管七厂只需开一张领料单就可坐得334元利润。1978年海光厂收到工缴费47.52万元,占产品总值的24%,支付了煤气、水电、工资和上缴所得税后,只剩下6.52万元,占产值的3.3%,而电子管七厂不承担任何一道工序生产,却净得利润77.76万元。海光厂工人说:"辛辛苦苦做到头,每年分红拿零头,想想实在没劲头。"于是他们另外成立了海光电珠二厂,分出了一部分设备,另摆一个摊子,到外地采购原材料,或是到外地接受加工任务。这样既增加了各种费用,又增加了国家运输压力,还使得上海1979年小电珠增产任务未能完成。在服装行业中也有类似的情况。上面这种情况,实际上是把街道厂工人所创造的一部分价值(有时甚至是大部分价值)无偿地转移给了全民厂。这种不平等互利的现象是必须改变的。已经出现了好几种行之有效的解决办法,值得

提倡:

第一种方式是"双进销",即双方单位把原材料、半成品和产品都作为商品按价计算,余额即归生产厂,作为该厂的收入。这种方式有利于企业进行经济核算。

第二种方式是"联办",即由全民单位和街道共同投资,组织生产,利润按投资比例分成。这种方式除了有利于进行独立预算外,还有利于充分利用全民所有制企业现存的供销渠道和比较健全的管理制度,促进集体经济迅速发展。

第三种方式是提供服务,收取服务费(或管理费)。从今年起,上海轻工业局对小电珠生产就采取这种做法,他们改变过去的加工关系,负责供应原材料和推销产品,只收取部分管理费,从而帮助集体企业解决供销上的困难。

3. 发挥市场调节的作用,疏通供产销渠道

上海街道工业除加工工业外,还有相当大一部分的产品生产。据统计,这部分产品产值在1979年就占了街道工业总产值的25.8%,而且这种形式还在迅速发展。当前,搞产品生产的街道工业在发展上的困难主要在物资供应和产品销售两方面。

首先是原材料供应紧张。许多物资由于上面卡得太死,通过市场供应的范围狭小,许多工厂为了取得原材料,必须安排一定数量的人员来搞采购,搞得采购人员满天飞,想方设法拉关系,走后门,请客送礼,浪费人力、资金,增加了往返运输和损失,而且把社会风气也搞坏了。

其次,产品销售不畅。卢湾区幸福洗涤机厂,是由上海市五金采购供应站供给原料并包销产品,然而每年只包销500台,而该厂生产能力大大超过这一数字,可是五金站又不准工厂自销,否则就断绝供料和包销关系,该厂只好维持500台的水平。同时,现在街道工业生产的产品几乎都是通过国家商业网统一销售的,因而对商品销售的情况,市场的需要不甚了解,也影响了企业的正常生产,甚至造成产品的严重积压。为了疏通供产销渠道,各区都办了供销经理部,自设门市部,为本区的街道工业采购原材料,了解市场需要,推销产品,它对供销上有困难的单位和新产品的试销起了一定作用,因此总结这方面的经验,办好这一类单位,作为解决街道工业供产销渠道的措施是有价值的。

为了支持街道工业,市有关部门已作了积极部署,从1979年开始,通过计划分配,使街道工业得到必要的计划物资和工具材料,这对街道工业的发展具有重要作用。但是,街道工业生产的产品主要是间接纳入计划或计划外的产

品,种类繁多,需要的原材料又各式各样,它对供产销渠道的要求不可能完全通过国家计划来解决。因此,在物资供应上,要按国家计划的可能扩大在市场上供应的品种,开展代售代购外地原材料业务把供应搞活;在产品的生产和销售上,要使街道工业和市场紧密联系,适应消费要求,灵活地按照社会需要发展生产,销售渠道可以多种多样,可由商业部门选购和推销,也可由街道企业和基层商店直接挂钩,一些有条件的街道工厂,可以前面开店,后面设厂,产销结合,和消费者直接见面。

4.加强企业管理,办好街道工厂

当前特别需要在发挥企业经营管理自主权的基础上解决好以下几个问题:

第一,健全责任制,提高产品质量,产品质量关系着街道企业的生存发展。现在街道工业企业大多管理制度不健全,没有生产责任制,因而常常影响产品质量,甚至造成积压和大量返工。如杨浦区四平针织厂是一个专门加工针织品的企业,1978年时,由于生产管理混乱,质量低下,企业大量亏损。后来他们抓了整顿,建立了生产责任制,就改变了这种混乱局面,1979年1—9月,正品率稳定在97.3%以上,漏验产品下降到1.27%。与上一年同期相比,加工收入增加了48%,积累增长63%,劳动生产率提高了40%,成了盈利的单位。

第二,改善企业装备,提高技术水平。现在一些有条件的企业,已经在逐步着手自己解决这方面问题。如虹口区欧阳淘铜五金厂,自力更生一步步装备企业,已有了一些基本的机械和冶炼设备,到1978年底,固定资产已达3注9656元,同时,还注意在青工①中培养技术人才。因此,这几年该厂发展很快,每年都有较多的盈利和积累。可见,只有走这一条路,才能从根本上改变企业自己的地位。

第三,贯彻按劳分配原则,把职工的劳动成果和取得的报酬联系起来,这是当前充分调动企业职工劳动积极性的重要问题。最近,有些管理制度比较健全的厂已经在改变奖金发放的办法。如静安区延中复印机厂实行了利润分成奖,即在厂的总利润中提取2%作奖金,其分配方式是按每个工人的产量和质量(70分)、技术基础(20分)、劳动纪律(10分)。按规定标准给每个工人记分,在月终结算分配,按分计奖金。这种做法取得了良好的效果,生产总值、上

———————

① 青工:青年职工。——编者注

缴利润都有明显增加。

在分配上,现在突出的问题是,街道工业企业普遍都低于全民单位的分配水平。

在这个问题上,应该让企业有一定的自主权,允许那些办得好的街道企业在发展生产增加收入的基础上,使职工的工资、奖金、福利的水平逐步和全民企业接近,或超过某些全民企业。这样才能根本解决企业地位问题,同时对后进的企业也起着鞭策的作用。

5.搞好街道工业的综合规划与指导

当前,街道工业对城市建设的影响主要表现在以下几方面:

第一,生产用房和场地与城市建设的矛盾。目前绝大多数企业与居民住房混杂,隔墙隔板为邻,一方面使生产用房狭小,工人劳动条件差,据有关方面了解,现在上海街道工厂职工每人平均用房面积仅为 2.3 平方米,小的企业只有 1.3 平方米,最小的只有 0.6 平方米;另一方面,由于占用空地和公共场所,生产过程中的噪音、加热等影响,与居民发生矛盾,特别是实行二班或三班制的单位矛盾更大。这些问题的产生有历史的原因,但以后在城市规划上应有计划地逐步统筹解决。以后在房屋的建设上应该把街道生产的用房规划进去。

第二,"三废"的处理。现在街道工厂的废水废气都没有专门处理。以后城市街道工业要尽可能发展没有或较少"三废"的行业,对"三废"较多的行业要予以控制,对现在存在的"三废",要提出切实措施加以处理,有的企业还必须迁移。这些都需要组织专门的调查和研究,通过与有关部门单位协商,才能解决。

第三,指导街道企业尽量就近接受协作任务。现在城市交通拥挤,但大工业的协作任务和废旧材料的处理地点常常距离很远,增加了城市交通负担。对此,有关部门应加强指导,协作任务最好都能就近解决,以减少往返运输。

(本文由蔡中兴、陈先淮、衰宜华整理,蔡中兴执笔)

【选自《复旦学报(社会科学版)》1980 年第 4 期】

黑龙江省实行义务物价检查员制度

　　黑龙江在全省实行义务物价检查员制度,依靠群众,加强对物价的检查和监督管理,促使物价检查经常化、制度化。

　　义务物价检查员是由各级物价部门邀请机关、工厂、企事业单位,以及城镇人民公社、街道、居民委员会的干部、工人及退休干部、老党员担任的。他们可持物价检查证,在本人工作所在的地区范围内进行检查,有权对违反物价政策的单位或个人提出批评和意见,并向物价部门和违反物价政策的企、事业单位的主管部门提出处理意见。

　　义务物价检查员生活在群众中间,能及时听取群众的意见,又住在所检查的地区,可以随时进行检查。改变了过去检查团检查时好一阵,不检查又回升的情况,促使商店、饭店等单位认真执行物价政策。

【选自《人民日报》1980 年 5 月 19 日】

杭州市上城区湖滨街道让居委会和
企业当家理财,办好集体经济[①]

　　我们湖滨街道有 16 个居民区。几年来,为了支援生产建设,改善人民生活,安置待业青年,促进社会安定团结,因陋就简地办了生产加工。生活服务和修补等居民区集体企事业 63 个,有从业人员 500 余人。这些企业,自创办以来,由于多方面的原因,虽然坚持"独立核算,自负盈亏",但大小一切款项的收付报销,均由街道分户记账,统一保管原始凭证,存入一个银行账号,由一名总会计负责做账。因此,居民区和企业单位不能做到心中有数,不能自己做主。而街道则认为已尽到责任,再要做别的事,无暇顾及了。因此,这些企业长期处在居民区管不着,街道管不到,似管非管的状况。针对这一状况,党委经过分析研究,认为要巩固、提高居民区的集体经济,必须使居民区和企业自己当家理财,同时由专业公司加强业务指导,实行条块结合,以块为主的办法才行。于是决定在邮电路居民区先搞试点,主要做了以下几件事:

　　1. 坚持"哪一级办哪一级所有""独立核算、自负盈亏"的原则,明确所有制,按居民区设置会计出纳员,银行单独立户。该居民区请了两名退休工人当会计、出纳,负责所属塑料加工组、烫衣组、绘画组、折页组、撮药组、机绣组、缝纫组、综合服务组等 8 个企业的一切财务会计工作,并分户立账,独立核算,自负盈亏,不吃大锅饭。从 1980 年 4 月 1 日起,以邮电路居民区名义在银行单独开了户,一切大小款项进出均由他们自己与银行和有关单位发生关系,一切原始凭证归自己保管。街道把该居民区所属企业历年积累 9400 多元全部列入居民区的银行户头,由他们自己管理。居民区拿到这笔钱后,感到自己真正当家理财了,把历年集体积蓄的几百元存款也拿出来存入居民区自己开的银行账号里。在账务工作方面,街道对他们做三件事:一是根据财务制度和财政纪律,进行业务指导和督促检查;二是每月 5 日前定期收交审查财务报表和应缴纳的管理费;三是审批 10 元以上非生产性开支(10 元以下由居委会审批)。

---

　　① 原文标题为《让居委会和企业当家理财,办好集体经济》。

这样做,通过近两个月的实践,居民区干部比较满意。他们深有体会地说:"过去,我们对企业的盈亏要等到年终算总账才了解,对企业的经济效果,只好是脚踏西瓜皮,滑到哪里算哪里。现在自己有了会计出纳,上个月的盈亏在这个月5号左右就能知道,使我们在管理生产、促进生产的不断发展上取得了主动权。能及时发现问题,及时采取措施;不是像过去那样'远水救不了近火',等发现问题时已时过境迁,来不及了。"他们并表示:"现在我们当家理财,有责有权了,请党委放心,决不会滥用浪费一分钱,一定做到勤俭办企业,决心使企业越办越兴旺。"

2.坚持"按劳分配,多劳多得"的社会主义分配原则。做到国家、集体、个人三者有利。该居民区塑料组、烫衣组过去在分配制度上不合理的情况比较突出,阻碍了生产的发展。他们名为计件制,但"上有盖,下无底"。即每人每月计件工资扣除5%的管理费和20%的小组费用开支外,做到28元者加发米贴2元,超过28元者,不论超产多少均作为小组积累,不发给个人。不足28元者,按实际生产的数量递减工资。因此,工作是算了做,做到够发自己的工资数。按他们自己的说法是"到站了"就不做了。烫衣组从1978至1980年3月,长达27个月,小组的积累都是零蛋。

为了贯彻"按劳分配,多劳多得"的分配原则,改变那种干多干少,干好干坏一个样的状况。塑料组试行了超产分成奖励办法。他们的基本做法是:以该组1979年收支实绩为依据,制定劳动定额。达到定额者发给固定工资,达不到者递减,超过者给予五、二、三分成。而50%作为集体积累,20%办集体福利,30%奖给超产者个人,实行多超多奖,少超少奖,不超不奖。行政人员和综合性工种人员的资金,则按全组超产工人得奖金额的平均数发给。这个办法4月份试行结果:全组40人,有23人得奖,占总人数57.5%;17人没有奖,占42.5%,其中待业青年和闲散人员做工未满6个月规定不能得奖的11人,请假3天以上5人,欠产1人。全组共计发超产奖65.65元。个人得奖最高9.12元的1人,最低0.19元,平均每人得奖2.70元。这次超产奖发放后,吃惯了"大锅饭"的人受到了教育。有个女青年,上班经常偷懒打瞌睡,欠产了伸手向别人要点充充数。别人因为超产不能多得,也落得做人情,心甘情愿送给她。这次试行超产奖后,有些人怀疑领导说了不算数,因此依然如故,一个伸手要,一个随手送。等到5月上旬超产的奖金钱到手后,才明白领导说话是算数的。一些把超产数量随意送人的人,真是哑巴吃黄连,有苦说不出。现在,上班时间打瞌睡的懒人没有了,送超产的"呆大"更没有了,大家都干呀,赶呀,生产呈现了一派热火朝天的景象。这个组加工费收入 4 月份比 3 月份多收入了 383.35 元,职工的平均工资比 3 月份提高 2 元。

烫衣组也试行了定额分成制度。具体做法是:以原工资 28 元为基数,去年支出实绩为依据。加管理费,制定劳动定额三七分成,小组拿 30%(即 20% 费用开支,5% 管理费,5% 小组积累),70% 归个人。超过定额者,超过部分 50% 归个人,50% 为小组积累。此办法 4 月份试行后,经济效果十分显著。该组 4 月份加工费收入 1054.42 元,达到建组以来历史最高水平,与去年同期收入 474.25 元相比,增长 122.33%,与今年 3 月份收入 755.61 元相比,增长 36.93%,上缴管理费 52.71 元,为去年同期的 223.32%,工人的工资收入最高 73.74 元,最低 32.89 元,平均工资达 41 元。而未搞超产分成奖的今年 3 月份,最高工资 45.80 元,平均工资只有 25 元。职工群众说:"想不到我们居民区企业也有这一天"。该组 1978 年没有积累,1979 年因添置设备,年终赤字 241.25 元,今年 1—3 月仍无积累。4 月份试行超额分成奖后,小组盈利 120.12 元。一个月积累这样多钱,该组还是第一次。这个分配制度,兼顾了国家、集体、个人三者利益,调动了职工群众的积极性,并对改善经营管理,促进生产发展带来了多方面的好处。

同时,该居民区还对塑料组的领导班子进行了整顿,用民主改选的办法,调整充实了正副组长。基本上做到了落选的心情愉快,当选的积极肯干,敢于管理,群众信任,起了领导群众生产的带头作用。

一是街道与居民区实行管理费分成制,以利于调动居民区办集体经济的积极性。具体做法是:向工业生产加工组收缴的 5% 管理费中,居民区与街道四六分成,即居民区拿四成,街道拿六成;修补和生活服务组收缴的管理费,按区商业局的规定提 15% 给居民区。按上述比例,邮电路居民区,4 月份分到管理费 47.94 元(4 月份是二八分成,为了多给居民区一些,5 月份改为四六分成)。5 月份预计可达 80~90 元。居民区拿到的这笔管理费,拟作如下用途:一是按实际需要,开支一些费用,今后不再到所属企业报销。一律在分成的管理费中支付。二是用于居民区干部的一些福利费用开支,如不拿生活补贴的居民干部生了病或遇到临时困难,做些适当补助或买点慰问品等。三是提取一些奖励基金,半年或一年向居民干部进行一次物质奖励。并规定,此费用包干使用,节约不上缴,超支不补贴。居民干部对此办法十分满意。他们把这些看作是自己当家理财的重要标志之一。他们说:"过去我们辛辛苦苦办企业,你们一把捏牢不放,用一分钱都要向街道报告。现在大家分成,我们也有用钱的自主权了。还规定给我们搞点福利,心里想想也高兴。"

　　以上这些做法,由于还在摸索阶段,还存在一些问题和困难。如管理费分成比例究竟以多少为宜,作何用途,尚待进一步探讨;按居民区银行开户,邮电路居民区花了好大的劲,银行才同意开户;其他居民区都碰了壁回来,银行至今不同意开户。要求市有关领导给予支持。

湖滨街道党委

【选自《上城简报》第 24 期 1980 年 6 月 3 日由杭州市上城区档案馆提供】

济南市东双龙居委会医院门口办旅店方便农民就医①

　　济南市东双龙居民委员会在山东医学院附属医院门口办起了一个旅店，大大方便了从农村来看病的人和家属。

　　这个旅店共 4 大间平房，有 40 个固定床位和一些临时床位。住店手续简便。店里备有炊具，旅客可以自行起伙。住宿费比较合理，服务员态度热情周到。从今年 2 月 20 日开业以来，每天最多时可接待 70 多人。

【选自《人民日报》1980 年 7 月 10 日】

---

①　原文标题为《医院门口办旅店方便农民就医》。

杭州市上城区关于
同意小营街道办事处翻建住宅的通知①

上政〔1980〕30 号

小营街道办事处：

　　你街道的报告悉，经研究，并经市计委会签，同意在市计委今年下达住宅预安排计划中给你们翻建住宅 550 平方米，资金 55000 元及三材自筹，希抓紧向市规划局领取建筑许可证，并做好前期准备工作，明年建成使用。

杭州市上城区人民政府

1980 年 8 月 28 日

【由杭州市上城区档案馆提供】

---

①　原文标题为《关于同意你街道办事处翻建住宅的通知》。

杭州市上城区小营巷街道
居民委员会建设上的一些问题[①]

——小营巷街道调查情况

小营巷街道共有 12 个居民区，134 个居民小组。常住户口 8579 户，30042 人。

最近，我们市、区调查组调查了小营巷、向阳巷两个居民委员会的工作情况，召开了 5 个座谈会，听了这两个居委会党支部书记，正副主任，小组长，退休工人和其他八个居委会从事居民工作多年的居民干部的意见。他（她）们畅谈了居民工作的历史和现状，反映了当前工作中的种种矛盾和困难，对如何加强居民委员会的建设问题，提出了自己的看法。

从这两个居委会的调查情况说明，居民委员会从解放初期成立以来，做了大量工作，取得了许多成绩。过去，它在动员居民群众响应政府各项号召，搞好群众性的治安保卫工作，调解居民间的纠纷，反映居民的意见和要求，增进居民的公共福利等方面，曾发挥了多方面的作用。在新的形势下，搞好居委会的工作，对于建设一个有利生产，方便生活，安定团结，文明整洁的城区，促进四化建设，有着不容忽视的作用。但是，从调查的情况看，居委会这个党和政府密切联系群众的最基层的组织，经过近 30 年来的历史演变，各方面的情况起了变化。特别是在当今新的形势下，居委会的组织现状同它目前所担负的任务很不适应，工作中的矛盾也很多，必须引起重视，认真研究解决。

（一）居民委员会从成立到现在，情况有了变化

居民委员会是在 1950 年以后，在公安派出所的具体指导下，根据当时的形势需要陆续建立起来的居民群众的自治性组织。至 1954 年 12 月 31 日，由全国人大常委会第四次会议通过，以条例的形式加以法定的。它从成立到现在，有以下五个方面的变化：

第一，辖区范围扩大了。过去一个居民区一般是 300 户左右，现在最少的三四百户，多的近千户。小营巷街道原先是由马市街、皮市巷两个居民区的街

---

① 原文标题为《居民委员会建设上的一些问题》。

道办事处合并的,由 24 个居民区合并为 12 个居民区。小营巷居民区现在住户 953 户,向阳巷是个中等的居民区,有 662 户。

第二,任务加重了。原来,居委会的任务有五项:办理有关居民的公共福利事项;向当地人民委员会或它的派出机构反映居民的意见和要求;动员响应政府号召,遵守法律;领导群众性的治安保卫工作;调解居民间的纠纷。随着形势的发展,居委会的任务越来越繁重。目前担负的任务,从大的方面来说,有治安保卫,接待外调,值班巡逻,爱国卫生,计划生育,民政救济,拥军优属,反映意见,调解纠纷,妇女工作,青少年教育,房管事务,储蓄节粮,发放票证,以及举办公共福利,发展集体经济,安置待业人员,有关招兵、招工、招生的具体事务和学习宣传,各种调查统计,开具各项证明等 20 多项。总之,街道的任务居委会基本上都有涉及,而且更具体。

第三,居委会的工作对象变化了,过去居委会工作的对象除家庭妇女和失业工人外,还包括所在地区单位的职工和私方人员(1956 年社会主义改造后归国)。随着生产的发展,就业面扩大了,而在职工人很少参加居民区的活动。现在居委会的工作对象只剩下两头老小,有的集体宿舍白天几乎找不到人。据小营巷、向阳巷居民区的调查,这两个居民区共有住户 1575 户,5265 人,其中在职人员 3343 人,占总人数的 63.5%;18 岁以下的青少年 1033 人,占 19.6%;退休工人 455 人,占 8.7%(参加居民活动不到 20%);纯居民 434 人,占 8.2%。这就是说,能够参加居民区活动的占总人数的 16.9%。

第四,居委会成员的构成变化了。解放初期,居委会的主要成员是以在职店员工人或失业工人为主体的。以后,有的就业了,在职职工 1956 年后归国了。改造高潮以后,居委会成员的构成变成以家庭妇女中的积极分子为主体了。1960 年以来,逐步增加了退休工人的成分。目前的情况是两种人,一种是家庭妇女中的积极分子,一种是退休工人。据两个居民区统计,在 104 名小组长以上的居民干部中,家庭妇女有 55 人,占 53%,退休工人 49 人,占 47%。

第五,住房向高层发展了。小营巷居民区最近就增加了五幢六楼住房。居民干部说,现在是房子越来越高,我们年纪越来越老,居民工作如何搞好?

(二)居民委员会的任务繁重,困难很多

居委会成立以来,在过去一段较长的时期内,它的工作一直处在很不正常的状态中。往往是政治运动压倒一切。群众运动代替一切。粉碎"四人帮"以后,拨乱反正。它的工作要求越来越具体了,而各种矛盾和困难,就暴露得更加明显了。居民干部反映，目前居委会的工作有五大难处：事多人少是第一难。"上面千条线，下面一根针"，许多事情通往居民区，具体工作少人做。群众动员不起来是第二难，过去遇到什么事情总靠发动群众，"群众的事情群众办"，现在是喉咙喊破也不管用。经费缺少是第三难，过去政治帽子大，群众好发动，现在是"行动三分财"，办什么事都要讲钞票，尽义务已经成为"背时"了。实际问题解决不了是第四难，现在有些工作往往被实际问题所挡住。你向群众动员搞卫生，有些人反而要你解决窨井下水道问题；你去宣传计划生育，有些人问你"什么时候能住新房子"，弄得居民干部啼笑皆非。居委会没有活动场所是第五难，过去每个街道有一个俱乐部，每一个居民区都有一个办公室。现在连开会学习的地方都没有了。

参加座谈会的居民干部反映说："过去，居民区各项政治宣传派报告员，中心工作派工作组，突击任务派干部帮助。现在样样工作都要居民区自己干。上面有事情只晓得往居民区布置就算完成任务，不体谅居民干部的难处，不讲究实际效果，困难确实不少。'例如治安保卫工作'，派出所对治保委员会的要求是搞好'三查'（查火烛、查门户、查户口），巡逻，帮教后进青年（按对象成立帮教小组），预防刑事犯罪。居民干部说，现在管'闲事'的人也不多了，'耳目'也不灵了，搞搞'三查'少人跑，值班巡逻少钞票（夜餐费也支付不了）。高楼大厦跑不了，只得做到哪里算到哪里。"

卫生工作。过去靠搞群众运动，现在生产忙，双职工多，"公共卫生靠自觉""街巷卫生靠三角"（一季度每户三角钱卫生费）。当卫生干部脚头跑得最多，骂声听得最多。这种工作最没有人肯做。

发放票证。居民干部说："过去这种事不是居委会的工作，现在也压到我们头上来了。这是件责任重大的事，要挨家挨户地去发，万一失少了怎么办？他们说，有关部门一推了事，一毛不拔，我们脚头跑煞，心事耽煞，发现差错急都急煞。"

开各种证明，调解居民纠纷。居民群众往往为这两件事主动找居委会。居委会的一些主要干部，常常是"饭吃半餐头，觉睡半夜头"。居民干部调解居民间的纠纷，不仅要花时间，费口舌，有时外出联系还要自己掏腰包赔车费。

房管事务。居民干部反映说："现在房子问题最伤脑筋。房管部门建新房，拆迁户要我们动员；居民欠了房租要叫我们讨；现在又多了一项任务，说分配住房要归居委会，要让群众讨论。这本来是一件好事，可是房管部门把矛盾下放。有的住房困难户找房管部门，他们手一挥说：'分配房子归居民区了，要居民区讨论才能算数。'实际上居民区只讨论过一套住房的分配,而一些居民住房困难户常常跑上门来,哭的哭,闹的闹,我们实在受不了。"

青少年教育。居民干部反映说:"这个事情说说重要,做做勿要。居民区一无经费,二无活动场地,叫我们怎么个做法? 唯一的办法是由居民区临时请一位工人当校外辅导员,由居民区企业支付一点报酬,讲讲故事,借借图书和活动器具,现在经费无处开支,图书翻厌了,棋子越走越少了,活动器具破的破了,校外教育学校不管了。这种状况不知省市领导可知道?"凡此种种,居民干部有说不尽的苦处。

(三)居委会组织很不健全,居民工作谁来搞如何搞很成问题

座谈会中普遍反映,现在居民干部中有四多:老年人多,妇女多,文化程度低的多,挂名不做实际工作的多。据小营巷、向阳巷两个居委会的分析,这两个居委会及其治保、卫生、调解、福利等工作委员会,居民小组长党支部书记等,共有干部 104 人,几年来有 13 人死亡,10 人外迁,11 人已经参加生产生活服务工作,2 人长期生病风瘫。现在剩下 68 名干部,其中男 9 人,女 59 人。年龄状况:50~60 岁的 11 人,61~70 岁的 33 人,71 岁以上的 24 人,最小的 54 岁,最大的 84 岁。参加居民工作时间:最早的(1952 年)有 3 人,1966 年以前的(15 年以上)有 40 人,1967—1976 年期间的有 21 人,粉碎"四人帮"以后参加的有 4 人。文化程度:文盲 43 人,小学 14 人,初中 8 人,高中 3 人。从目前工作状况看,68 名干部中,坚持经常干居民工作的 27 人,占 40%,有时工作有时不干的 12 人,占 17.6%,只挂名,实际不干居民工作的 29 人,占 42.4%。

从别的居民区了解,情况也类似。特别是小组长及治保、卫生干事不全的情况比较突出。中保健巷居民区,八个居民小组,有五个小组无人工作,所以很多事情实际上都落在居民正副主任,特别是正主任、治保主任和卫生主任等少数人身上。

居民委员会不健全,有些居民干部不愿出来工作的原因是多方面的,主要是:

1. 居委会长期不改选。《条例》规定居民委员会干部任期一年,实际没有这样执行过。据记忆,居委会建立以来像样的改选(或整顿)只有两次。一次是 1962 年,整风整社以后。一次是 1973 年。实际上民主选举变成了街道、派出所任命制或指定制。有的居民干部成了终身制。

2. 政治运动多,在极"左"路线的影响下,挫伤了一部分居民干部的积极

性。居委会名为群众自治性组织,在历史政治运动中,也都波及。特别在"文革"中,不少居民干部挨批挨斗。居民干部反映说,我们是运动一场一场搞过来,骂声一遍一遍听过来,年纪一年一年老起来,搞居民工作的一个一个少起来,感到居民干部没当头。

3. 担任居民干部没有固定收入,老了没有生活保障。主要是原来是家庭妇女的一些老居民干部,过去年轻力壮,街道办事处只从工作出发觉得干居民工作少不了这些人。年复一年,现在都成了老奶奶了。区里为了解决这些干部的实际问题,从 1973 年起,对每个居委会的主任和治保、卫生主任,给予一定的生活补贴(原来是家庭妇女的每月 20 元左右,退休工人每月补 10～15元)。以后,各个街道随着街道、居民区企事业的发展,陆续增加了一些补贴名额。这种办法作用是有的,但没有从根本上解决问题,他们有后顾之忧。一些居委会的干部说:"过去工作需要,街道办事处硬是把我们留下来。1958 年解放妇女劳动力,我们亲手把家庭妇女一批一批送出去,现在他们一个一个退休回来。我自己却没有着落。想想过去的情况,我们辛苦了应该,看看目前我们的处境心里有说不出的味道。"有的要求落实到居民区的企事业中去,盼望能享受点劳保,有的把居民区的印章交到街道,说"不干了";也有的虽然病在床上怕不担任居民干部职务拿不到补贴,不愿把图章让出来。

4. 居民干部后继乏人,现在居民区的家庭妇女少了,老了。青年不愿干居民工作。居民干部的唯一来源,是退休工人。小营巷街道,现在共有退休工人2647 人,小营巷、向阳巷两个居民区共有退休工人 462 人,这是一支不小的力量。但是要动员一批退休工人搞居民工作有不少困难。这里有思想认识问题,也有实际问题。据小营巷居民区分析,目前退休工人外出工作的约占40％,居民干部说:"现在退休工人很'行俏',没有钞票拉不牢。"

(四)各方要扶植,支持居民区办好企事业

事实证明,居民区办了企事业,有利于生产、方便生活,有利于安置社会上的待业人员,解决这些人的生活出路,有利于社会安定团结,也有利于居委会开展工作。居民干部说:"从 1958 年以来,居民区花了不少力气,办了不少企事业,结果是办一批,收一批,砍一批,几经反复。弄得几场欢喜几场空,房子挤光,积累花光。粉碎'四人帮'以后,随着形势的发展和全国工作重点的转移,各居民区群策群力,各方支持,大力兴办生产生活服务事业,积极安置待业人员,做了大量的工作,取得了显著成效。"

据反映,当前居民区办的企事业主要有三个问题:一是市里有些单位看不起居民区办的企业。"面子大于印子",加工产品不给居民区;有了加工任务,工缴费很低。居民干部说:"为了安置待业人员,要找居委会;我们办起了企事业,他们忘了居委会。"二是税收不合理。街道和居委会的干部反映,居民区办的企事业,基本上是属于生产自救,公共福利性质的,应该给予免税。现在有些企业略有盈余,税务部门就要收税。据小营街道属于居民区办的 9 家企业统计,去年缴纳的所得税 47000 多元。因此,一些企业的生产条件和生产人员的待遇得不到改善。要求市领导对此引起重视,给予支持。三是街道集中过多,管得过死。他们说:"现在这些企事业由街道一把捏牢,用几个人要街道说过,用一点点钱要街道批过。居委会对这些企业看得见,摸不着,遇事无权过问,好坏无法知道。这样的管法我们的积极性不高。"要求给居委会和企事业必要的自主权。

(五)市、区对居委会的建设要引起重视,街道要加强领导

街道和居委会反映:"多年来市、区领导对居委会的建设没有很好研究了,我们的工作和难处不知道市、区领导是否了解。今年 3 月市委召开了发展集体经济,安置待业青年经验交流会,我们居民干部能参加这样的大会,能听到市委领导同志的报告,这是很多年来第一次。"他们说:"今年以来,报纸上报导要加强居委会的建设,但至今未看到上级有哪些有效措施。这次市、区的同志来调查居委会的情况,我们感到很高兴。希望通过调查研究,切实解决一些居委会建设的实际问题,不要讲讲很重要,做做老一套。"

1980 年 9 月 6 日

【由杭州市上城区档案馆提供】

杭州市上城区关于加强居民委员会建设的报告[①]

市委、市革委会：

根据市委领导同志的意见，最近我们在市委有关部门的具体指导下，对居民委员会的建设问题在小营巷街道做了一段时间的调查。进行了多次讨论研究。现将情况和意见报告如下。

（一）

小营巷街道现有常住户口 2579 户，30042 人。共有 12 个居委会，134 个居民小组。调查的情况表明，居委会从 1950 年建立以来，在动员居民群众响应党和政府的号召，搞好群众性的治安保卫工作，调解居民间的纠纷，反映居民的意见和要求，增进居民的公共福利等方面，做了大量工作，取得很多成绩。许多居民干部，任劳任怨，不计报酬，不计时间。二十几年来，脚踏实地，勤勤恳恳地为党工作，为人民服务，为社会主义事业做出了贡献。特别在近两年来，广开门路，努力发展生产生活集体事业，千方百计安置待业青年，促进了社会安定团结，广大群众高兴，家长放心。对于密切党、政府和群众的关系，发挥了很好的作用。但是，由于种种原因，当前也存在一些亟待解决的问题。主要是：

1. 由于形式的变化，任务越来越繁重。"上面千条线，下面一根针"，各项工作都通向街道涌向居委会，下面无法招架。居委会刚建立时，任务较轻，主要是治安调解，民政救济等工作。1958 年后，任务逐步加重，目前担负的任务有发展集体经济、安置待业人员。举办公共福利事业，治安保卫，接待外调，值班巡逻，爱国卫生，计划生育，民政救济，拥军优属，调解纠纷，妇女工作，青少年教育，房管事务，储蓄节粮，发放票证，有关招生、招工、招兵的具体事务，各种调查统计，开具各项证明等 20 多项。街道和居委会的干部说："上面只晓得

---

① 原文标题为《关于加强居民委员会建设的报告》。

布置任务,不体谅下面苦处。"一些居委会的主要干部,常常"饭吃半餐头,觉睡半夜头";有些群众找上门去,哭的哭,闹的闹。他们说:"这样的工作实在受不了。"

2.由于居委会长期没有改选,干部年老体弱,组织不健全。居民干部长期尽义务或半尽义务,生病无劳保,他们有后顾之忧。按《城市居民委员会组织条例》规定,居委会每年改选一次。实际上,从居委会建立以来,仅仅选过两次(1963年和1973年)。不少原来家庭妇女中的积极分子,已干了20多年近30年的居民工作,有的说:"当居民干部也成了终身制,过去年轻力壮的家庭妇女现在都成了老奶奶。"小营巷街道63名居委会正副主任平均年龄63岁,最大的84岁。126名治保干部,有46人年老体弱不能工作,有24人已转到居民区办的企事业中去工作了。现在能工作的只有56人,不到半数。在生活待遇方面,目前国家发给每个居委会每月52元6角,只能解决3名干部的补贴。不少居民干部不安心工作,有的要求转到居民区集体企业中去,指望有点"靠头";有的把居委会的图章交到街道办事处,不干了;也有的怕不负责居民工作后,失去了补贴条件,病在床上也不愿把居民区图章交给别人,居民干部说:"现在工作越做越多,房子越造越高(集体宿舍高层住宅多了),我们年纪越来越老,做居民工作的人越来越少,居民工作怎样搞搞?!"

3.街道集体经济虽然几经反复,现在又发展了。目前,小营巷街道共有大小企事业单位81个,从业人员2238人(包括居民区办的)。要领导好这些企事业却也不很容易。对如何巩固提高现有企业的竞争能力,更有许多问题需要研究。目前街道的实际状况是,由于任务繁杂,在经济体制上党政企三者交织在一起。领导精力与干部力量分散,结果是经济工作与居民工作难免顾此失彼。街道办事处力量比较薄弱,对居民工作上缺乏指导,缺少帮助。小营巷共有14名国家行政干部,负责联系居委会工作的仅2名干部,而且还兼管其他工作。居民干部反映说,过去居民区各项政治宣传上面派报告员,中心工作派工作组,突击任务派干部帮助,经常工作有街道外勤指导。现在上面的干部离我们越来越远了,街道外勤不见了,就我们如何吃得消。

此外,由于没有固定的经费和活动场地,房管、卫生等体制上的条块矛盾,也给居委会开展工作带来了不少困难。

（二）

为了加强居民委员会的建设,我们的意见如下。

1.要统一对居委会地位作用的认识

街道里弄是城市各行各业的后方,是人们聚居的生活场所。居委会是城市政权中的基层组织,是做好城区街道工作的基础。做好居委会的工作,对于建设有利生产、方便生活、安定团结、文明整洁的城区,更好地为四化服务,关系极大。它是整个城市工作不可分割的组成部分,确能起到"上为中央分忧,下为群众解愁"的作用。因此,各级领导都必须十分重视和关心居委会的工作。城市各行各业、各个方面都应当热情支持居委会的工作。

2.居委会要定期改选,健全组织

为了改变目前居委会组织与任务不相适应的状况,我们打算在今年内,在做好准备工作的基础上,对居委会进行一次全面的改选整顿。居委会设正副主任5至7人,副主任分别兼管民政福利,治安保卫,爱国卫生,计划生育,妇女工作和调解纠纷等工作,居民区党支部书记有条件的一般可兼居委会主任。居委会下面是否设工作委员会应根据各委员会的实际情况而定,要尽量改变机构重叠、兼职过多的状况,力求机构精简、干部精干。居民干部的主要来源可在退休工人中挑选,今后每年改选一次。

鉴于居委会面临事务繁杂,干部年龄大、文化低的现实状况,建议给每个居委会先配备一名国家行政干部或者配备一名专职文书(列为大集体编制),经费要求从地方财政中开支。

增加居民干部必要的生活补贴,要求每个居委会规定7名干部享受补贴(党支部书记,正副主任)。平均每人每月以20元计算,每个居委会每月补贴140元,请市拨给100元(包括原定的52.5元),余额由区自行解决。

对于原是家庭妇女从事居民工作多年而失去工作条件的老居民干部(全区有近两百人)一定要妥善处理好。生活上要给予必要的照顾,既不能全部包下来,又不能不管,应根据不同情况,给予一定的补助(一般每月补助15元);在政治上要继续关怀她(他)们。

3.明确居委会的任务,不要任意向居委会分摊任务

根据二十几年来的实践,城市居民委员会实际上是城区政权最基层组织。它的任务,大致可规定这样五条:(1)民政优先,公共福利、生产生活服务事业;

(2)群众性的治安保卫和调解居民纠纷;(3)爱国卫生和计划生育;(4)待业人员的管理、教育、安置和校外青少年教育;(5)动员居民响应党和政府号召,遵守法律,反映居民群众的意见和要求。

今后,非经市、区人民政府批准,任何单位不得直接向居委会布置工作,分摊任务,否则居委会有权拒绝。

4.城市各行各业,要支持居委会办好生产生活、公共福利事业

实践证明,居民区举办的生产生活,公共福利事业,具有强大的生命力,深受群众的欢迎。它对于支援生产建设,活跃市场,方便群众,对改善人民生活,促进社会安定团结具有不可忽视的作用。城市工厂企业,在生产经营上、物资供应上、工缴计算上要给予大力的支持和方便。对于这些属于民政福利、生产自救性质的企事业应给予全部免税,以利于它们的巩固和发展。

居民区举办的企事业一定要实行独立核算,自负盈亏,按劳分配,多劳多得的原则。街道办事处和居委会除了根据不同情况向企业收取一定比例的管理费和利润分成外,不要向它们分摊其他经费。企事业要实行民主管理,民主办社。要让这些企业有自主权。

5.区和街道办事处要加强对居委会的领导

街道办事处要以主要精力、主要力量加强居民区的工作。政企一定要分开,要以经济的办法去管理经济,要扩大企业的自主权。区公司要加强对分公司的业务领导,劳动服务公司(站)可与居民区的工作结合起来,具体负责居民区所办企业的业务指导,待业人员的管理,教育,技术培训和安置,输送。街道外勤力量要充实。目前从事街道经济工作的国家行政干部要抽回必要的人员搞行政工作,先要保证两个居民区有一名国家行政干部。区机关要精简机构,精兵简政,改进工作方法和工作作风,从组织上、实际工作上支持和加强街道、居民区的工作。

以上报告当否,请批示。

中共杭州市上城区委员会

杭州市上城区人民政府

1980 年 9 月 8 日

【由杭州市上城区档案馆提供】

常州市延中路居委会集中力量抓生活服务①

江苏省常州市延中路居委会所管辖的北直街,从 1977 年以来,陆续兴办了食堂、小吃部、百货代销店、洗衣店、老虎灶、修理铺、浴室等一批服务项目,给居民生活带来很大的方便。过去,这条聚居着近千户居民、长达 1 里的街道上,只有一两个商店,居民要买点生活日用品得走远路、排长队,很不方便。如今,这条街上店铺网点林立,居民吃饭、托儿、洗衣、缝补、理发、洗澡、买百货杂品等,不出街就能解决了。

常州棉织厂女工王英华,家有 88 岁的老母亲和 77 岁的老婆婆,有一段时间两位老人都生了病,王英华既要上班,又要为两位老人准备午饭,忙得团团转。街道食堂知道后,就把两位老人的吃饭问题包了下来,每天中午、晚上按时把饭菜送上门去,为王英华分担了家务,使她能在厂里安心工作。街道食堂还专门开办了儿童就餐室,使几十个脖子上挂钥匙的孩子能按时吃上热菜热饭。

这条街上办起了洗衣店,谁有脏衣服、脏被子等都可送到那里去洗。既可单件临时送洗,也可整月、整个家庭包洗,价格比较便宜。包洗,2 人以内的家庭每人每月 1 元 5 角,2 人以上的家庭每增加 1 人再加 9 角钱。还为顾客拆、缝、补、翻,大大方便了群众。

这条街上办的幼托所,从刚满 56 天的婴儿到五六岁的学龄前儿童全都接收。上早班的工人可以早点送孩子,晚下班的工人可以晚点接孩子。一时接不了的,幼托所也负责把孩子带好。

延中路居委会的服务一条街为什么办得这样好?主要的原因是这个居委会有为居民解除后顾之忧的强烈责任感。居委会的干部说,工厂要抓生产,学校要抓学习,居委会就是要抓好居民生活。

【选自《人民日报》1980 年 10 月 4 日】

---

① 原文标题为《常州市延中路居委会集中力量抓生活服务 服务网点林立 居民生活方便》。

北京市人民政府关于贯彻
《城市居民委员会组织条例》的决定

京政发〔1980〕136 号

为了进一步贯彻执行中央书记处对首都建设方针的四项指示和今年 1 月重新公布的《城市居民委员会组织条例》,充分发挥基层群众组织的作用,结合本市具体情况,特作如下决定:

一、根据居民委员会的性质调整居委会承担的工作任务。城市居民委员会是群众自治性的居民组织,它的任务是:办理有关居民的公共福利事项;向当地人民政府或者它的派出机关反映居民的意见和要求;动员居民响应政府号召并遵守法律;领导群众性的治安保卫工作,维护社会秩序;调解居民间的纠纷等。

为切实保证居委会做好自身工作,凡是应由政府和业务部门承担的任务,均不得推给居委会去办。任何部门、单位,不经区人民政府批准,不得直接向居委会分配任务。凡需要居委会办理的工作,由区人民政府统一安排。今后,居委会等基层群众组织不再接待外调和出具各种证明材料,不刻制公章。过去刻制的公章,一律上交区人民政府。

二、配齐管片民政干事和民警。为了加强基层组织工作,各街道办事处、公安派出所,应按照规定和实际需要逐步配齐管片的民政干事和民警,负责具体指导居委会、治保会进行工作,直接办理居民中应由基层政权部门承担的有关事项。民政干事设在街道办事处,民警设在公安派出所。民政干事和民警由区人民政府和公安部门在现有编制人员中解决,原则上不另增加编制。现有编制不足的,由政府和公安部门向上级申请解决。

三、切实解决居民委员会骨干的生活待遇问题。在居委会等群众组织中担任工作的居民积极分子,他们的工作是义务性的,是光荣的,主要应在退休干部和工人中选出。但对其中无固定收入、生活水平低于一般职工的,可实行生活补贴制度。在他们担任职务期间,按照担任的职务、工作表现、生活困难情况,发给一定数额的生活补贴费。补贴的范围和具体办法,由各区根据本地区情况自行确定。

街道企事业人员选入居委会等基层群众组织担任领导职务的,除劳保用品等工作不需要的不再发给以外,其他工资、福利待遇一律不变,仍由街道企、事业开支。不担任居委会等基层群众组织的工作后,仍回原企、事业单位参加生产和工作者,工龄连续计算。

四、关于居民委员会的经费来源。一是由财政开支的办公费、积极分子生活困难补助费仍照原规定不变。二是 1978 年上收区属工业返还利润中补助街道的经费,仍由市财政局按照 1979 年实拨数目拨给。三是各区和街道集体企、事业收入的补助。

五、机关、部队、企事业等单位家属集中的宿舍,可在所在街道办事处的统一指导下,单独建立居委会(家属委员会),这些单位应协同所在的街道办事处加强对居委会(家属委员会)工作的领导,并在人力、物力等方面给以支持和帮助。

1980 年 11 月 20 日

【由中央档案馆提供】

杭州市上城区城站街道建立民政优抚联合服务网①

我们城站街道办事处,于 1978 年贯彻全国第八次民政工作会议精神后建立了街道民政委员会。两年多来,发挥了较好的组织作用。今年 8 月,我们又学习青岛市市北区黄台路办事处优抚工作经验,成立了地区性的民政优抚联合服务网,坚持"三抓",即街道党委领导和地区有关部门领导带头抓;深入宣传发动群众大家抓;树先进订制度分工同志具体抓。从而实现了"三化",即群众化、制度化、经常化。实践证明,联合起来组织服务网效果好,工作落实,群众满意。

民政优抚工作是做人的工作,认真贯彻好,落实好党的民政优抚工作的政策,必须先做好优抚对象的普查工作,了解情况,分析研究,才能认真负责地帮助优抚对象解决一些实际困难,关心优抚对象的疾苦。通过了解,我们街道共有军属 286 户、烈属 5 户、病故军属 1 户,残疾军人 30 名。分布在 14 个居民区中,针对他们提出的要求,从实际出发,分析研究,组织辖区内有关单位和部门开展上门走访和联合服务活动。

热心为优抚对象和社会孤老服务,主动帮助他们解决一些实际困难,是我们的光荣职责。为了推动拥军优属工作深入持久地开展,我们把本办事处辖区的粮站、煤球店、房管站、肉店、百货店、菜场、水果店、酱酒店等 20 多个单位与街道办事处的团委、妇联、外勤,以及居民区、派出所、卫生院、学校等部门联合组成了民政优抚联合服务网,按地段分成城站、羊线、江城、建二等四个片。又以片为单位召开了各单位会议,选出片的正副大组长。以居民区为单位成立服务小组,定期进行走访,分别上门服务,主动帮助优抚对象解决困难。

自建立民政优抚联合服务网以来,据不完全统计:走访和送货上门服务的烈军属、残废军人共 1128 户次,社会孤老、病残人员 67 户次。送粮 11680 斤,菜(包括长梗白菜)3 万余斤,肉 1000 余斤,酱瓜 240 斤,西瓜 530 斤,啤酒 64 瓶,丝绵 70 斤,送医送药 134 次,修理房屋 9 户等等。在上门服务过程中,涌

---

① 　原文标题为《建立民政优抚联合服务网更好地为优抚对象服务城站街道办事处》。

现出不少好人好事。如立新肉店的领导派店的团支部青年突击队参加联合服务网活动,在社团支部书记俞祥明同志,团小组长郭红元同志的带领下,利用业余时间发动团员、青年上门访问服务。他们每星期六下午预约登记,次日上午按家按户送货上门。到目前为止,他们已上门服务近300户次,送去的商品有精肉、大排、仔排、腰子、骨头、鸡蛋等20多种。他们还向烈军属征求意见,询问生活上需要些什么,缺些什么,只要突击队能办到的,一定想办法满足要求,烈军属们非常感动。军属老妈妈寿婉贞同志激动地说:"雷锋精神又回来了,我一定要写信给部队里的亲人,叫他们好好工作,向这些好同志学习。"立新路菜场朱光荣同志和菜场的其他同志为烈军属送菜上门服务,不管刮风下雨,数年如一日。他担任城站片联合服务组的大组长后,会同铁路医院吕院长,方医师在"八一"建军节前走访了烈军属27户。在走访中,了解到不少烈军属想吃绿豆芽,他就找领导商量很快组织了一批绿豆芽上门供应给烈军属。自8月份以来,他就为300多户优抚对象送去绿豆芽、鲜鱼等十多种菜。又如城站百货商店派共青团员陈学明同志参加了联合服务网的工作,担任城站片联合服务组的副组长。如在走访中了解到有不少老年烈军属需要添置棉衣,可是买不到丝绵。回店后,她在领导支持下,第二天就和商店的三位职工拉着车子上门供应紧俏商品丝绵,每户半斤,先后供应70多斤。又如建南粮站,经常向烈军属送去好米。今年8月以来,已为200户烈军属送米10000斤。他们还为社会孤老、残疾人员送米,36户共1680斤。城站房管站对民政优抚工作也比较关心,派小戴同志参加联合服务网的工作,军烈属如果住房破漏或有困难时,他们总是优先照顾,设法帮助修理解决。仅在小戴管理的地段内,给军属做地面、盖漏、修理门面等共9户。立新、工农酱酒店、为群、同协兴、全新糖果店给烈军属送酱瓜、西瓜、啤酒等商品,都得到了群众的称赞。

在联合服务的过程中,居民干部也积极参加了活动,主动配合各单位做好优抚对象的服务工作。立新路居民区党支部书记、居民主任孙财英同志和副主任邵菊英同志,带领干部青年帮助71岁的患病孤老黄跃文搞卫生,陪伴去医院看病,在住院期间,又派专人陪夜。特别是邵菊英同志侍候病人细致耐心,不怕累、不嫌脏,倒尿盆、擦痰沫,擦洗身体,真是比亲人还亲。黄病故后,居民区坚持移风易俗,为老人实行火葬,尽力办好后事,得到了群众的书面表扬。红医站合作医疗站张医师上门为年老有病的军属量血压,为社会孤老打针。建新巷居民区干部及时帮助家庭生活有困难的胡桂花、蒋孝娟、秦国振三户军属,把他们的家属安排到饮食店工作。郭东园巷居民区也帮助2户生活有困难的军属,解决了军属子女的工作问题。

军爱民、民拥军,军民鱼水情谊深。通过联合服务网的活动,进一步加强了军民、军政的团结,调动了烈军属的社会主义积极性。他们积极参加社会活动,为人民办好事。如城站路居民区军属叶宝珠老妈妈,担任居民区副主任,工作积极,她的儿子和孙子都在部队里,今年又送外甥参军,她高兴地说:"在旧社会我们这一代不知吃了多少苦,是共产党领导我们翻了身,才有今天的幸福生活。我们可不能忘本,我只要有一点气力,就要把居民区的工作做好,来报答党的恩情。"

中共杭州市上城区委办公室

1980 年 12 月 30 日

【摘自《上城简报》第 45 期由杭州市上城区档案馆提供】